INTRODUCCIÓN A LA CIENCIA E INGENIERÍA DE MATERIALES

Manual de prácticas de laboratorio

Dr. Ignacio Alejandro Figueroa Vargas

M. En C. Balbina Ojeda Ramírez

M. En E. Clara Saraid Flores Rosa

INTRODUCCIÓN A LA CIENCIA E INGENIERÍA DE MATERIALES
Manual de prácticas de laboratorio
© Ignacio Alejandro Figueroa Vargas
© Balbina Ojeda Ramírez
© Clara Saraid Flores Rosa

Editado por: Corporación Ígneo, S.A.C.
para su sello editorial Caduceus
José Olaya 169, Ofic. 504, Miraflores. Lima, Perú
Primera edición, junio, 2024

ISBN: 978-612-49599-9-8
Impresión bajo demanda

Hecho el Depósito Legal en la Biblioteca Nacional del Perú N° 2024-05120
Se terminó de imprimir en junio del 2024 en:
ALEPH IMPRESIONES SRL
Jr. Risso Nro. 580 Lince, Lima

www.grupoigneo.com
Correo electrónico: contacto@grupoigneo.com
Facebook: Grupo Ígneo | X: @editorialigneo | Instagram: @grupoigneo

Apoyo en edición gráfica y experimental:
Magda Paulina Hernández Trejo
María Fernanda Hidalgo Trejo
I.Q.M. Luis Jesús Colegio Ramírez

Proyecto financiado por UNAM-DGAPA-PAPIME No. PE 216518

Contenido

Presentación

El presente manual de prácticas tiene como enfoque principal guiar al estudiante inscrito al laboratorio de la materia Introducción a la Ciencia e Ingeniería de Materiales (ICIM) a comprender y manejar las técnicas y los equipos de uso frecuente en la determinación de las propiedades mecánicas de los materiales, así como mejorar sus habilidades de trabajo en equipo.

Este manual consta de nueve prácticas y está planeado para que el profesor del laboratorio realice durante el semestre al menos una práctica de endurecimiento por deformación; endurecimiento por límite de grano; construcción del diagrama de fases (isomorfo o eutéctico); y endurecimiento por envejecimiento (por precipitación). Cada práctica está constituida por las siguientes rúbricas:

a) **Introducción**: Fundamentos teóricos previos de los mecanismos y técnicas a utilizar en cada práctica.

b) **Objetivos**: Metas específicas que se deben alcanzar para lograr responder a una pregunta de investigación y que orientan su desarrollo.

c) **Hipótesis**: Con base en la investigación realizada, proponer una idea o suposición que permita explicar el porqué de los resultados.

d) **Desarrollo experimental**: Secuencia de actividades para la realización de la práctica, incluida en este manual.

e) **Resultados**: Colocar de forma ordenada los datos obtenidos de la práctica para un posterior análisis, facilitando su manejo.

f) Manejo y análisis de resultados: Escudriñar los resultados obtenidos, compararlos y fundamentar su comportamiento con las bases teóricas, creando en el alumno habilidades cognitivas y formando el pensamiento crítico.

g) Conclusiones: De manera concreta y puntual, plasmar la consumación del comportamiento de las variables estudiadas y los materiales ensayados con base en los resultados.

h) Actividades complementarias: Preguntas y problemas ligados a cada tema estudiado en las prácticas, con base en lo aplicado en la parte experimental, teórica y analítica.

i) Bibliografía: Referencias utilizadas.

<h1 style="text-align:center">Práctica 1</h1>

<h1 style="text-align:center">Endurecimiento por deformación del aluminio</h1>

I. INTRODUCCIÓN

Una de las propiedades mecánicas más relevantes en un material ingenieril es la dureza (resistencia a la penetración) y es justo por este motivo que siempre se está buscando incrementarla por medio de diferentes técnicas.

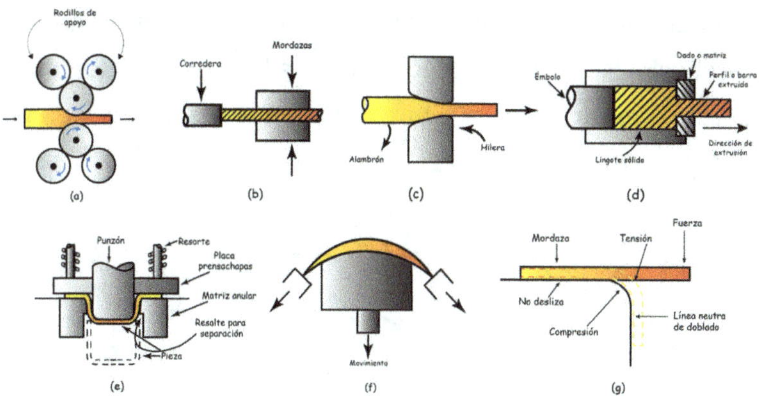

Figura 1.1. *Esquemas de las técnicas de endurecimiento por deformación.* (a) Rolado o laminado, (b) forjado, (c) trefilado, (d) extrusión, (e) embutido, (f) estirado, (g) doblado. Véase (Pollack, 1989).

El endurecimiento por deformación, o trabajo en frío es uno de los métodos más conocidos y utilizados para endurecer materiales metálicos; las técnicas más empleadas son: laminado, forja, trefilado, extrusión, embutido, estirado y doblado (como se muestran en la figura 1.1). El hecho de que un material metálico se endurezca por este método se debe al desplazamiento de planos de átomos en la red cristalina y está relacionada con la presencia de dislocaciones en su estructura (medios planos de átomos y defectos lineales de los materiales cristalinos). Al aplicar un esfuerzo cortante al material, los planos de átomos se desplazan, las dislocaciones se multiplican y se generan diferentes texturas en la superficie, provocando que haya una gran concentración de esfuerzos dentro de la estructura del metal y que este se endurezca (Avner, 1988).

Al obtener los resultados del trabajo en frío, estos pueden ser relacionados con la curva esfuerzo-deformación. Se tendrá un determinado esfuerzo que, al evaluar por segunda vez el material y construir de nuevo la curva esfuerzo-deformación, se convertirá en el nuevo límite elástico del material. De esta manera, la resistencia a la tensión crecerá mientras la zona de deformación plástica disminuye. En la figura 1.2 se muestra esta relación de forma gráfica.

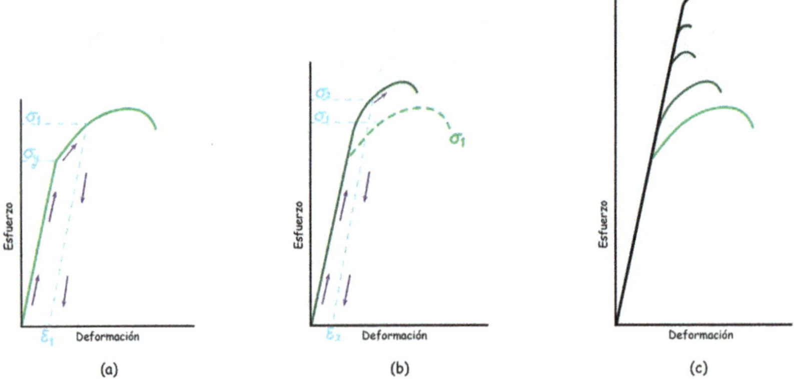

Figura 1.2. *Endurecimiento por deformación de un metal visto desde la perspectiva de la curva esfuerzo-deformación.* (a) Material a un esfuerzo que excede el límite elástico antes de retirar la carga. (b) Misma muestra después de retirar la carga, presentando un límite elástico y una resistencia a la tensión más alta y una zona plástica reducida. (c) Repetición de endurecimiento por deformación (trabajo en frío y fragilización del material. (Askeland, 1998).

Como ya se mencionó, el endurecimiento por deformación causa el deslizamiento de planos y medios planos de átomos y, a su vez, el endurecimiento del material, pero este no es el único mecanismo que produce un endurecimiento en una pieza metálica cuando esta se deforma, pues el maclaje es otro mecanismo y es causante de un extensivo cambio de forma o, en su defecto, de colocar planos potenciales de deslizamiento en una posición más favorable para su deslizamiento. El maclaje se genera en ciertos materiales, pero de manera general se encuentra más fácil en los metales con estructura cristalina HCP (hexagonal compacta). En la figura 1.3 se ilustra el mecanismo de maclaje para un sistema cristalino FCC (cúbica centrada en las caras), antes de aplicar un esfuerzo (líneas punteadas) y después de retirar el esfuerzo (líneas continuas) (Verhoeven, 1987).

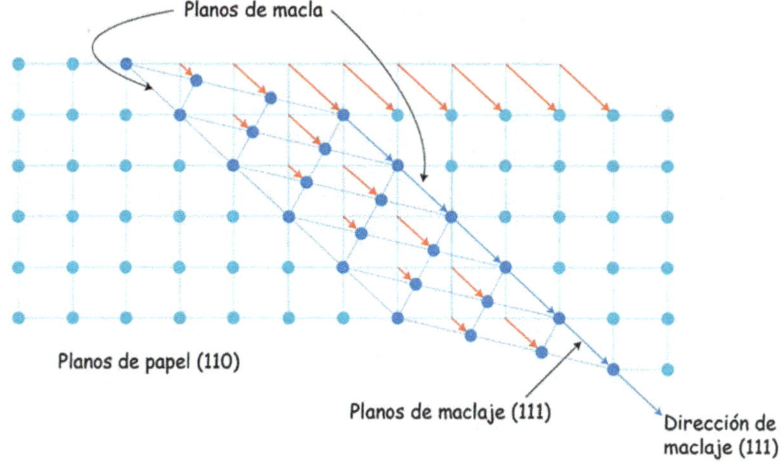

Figura 1.3. *Diagrama esquemático de maclaje en un sistema cristalino FCC (Herman, 1989)*

II. OBJETIVOS

Objetivo general

Conocer los efectos que tiene el trabajo en frío sobre la dureza y analizar la microestructura del aluminio.

Objetivos específicos

a. Relacionar la curva de esfuerzo-deformación teórica del aluminio con el cambio de dureza al deformar.

b. ____
____
____
____

c. ____
____
____
____

III. HIPÓTESIS

____
____
____
____
____
____

IV. Desarrollo Experimental

Material y equipo

- Barra de aluminio
- Segueta
- Vernier
- Laminadora
- Lijas de agua
- Paño
- Atomizador
- Ácido fluorhídrico (HF) 1%
- Microscopio metalográfico
- Durómetro

Procedimiento

Corte de barra de aluminio

La barra cuadrada de aluminio de 1 cm de ancho y 50 cm de largo se secciona en 10 partes de 5 cm de longitud, utilizando la segueta como herramienta de corte.

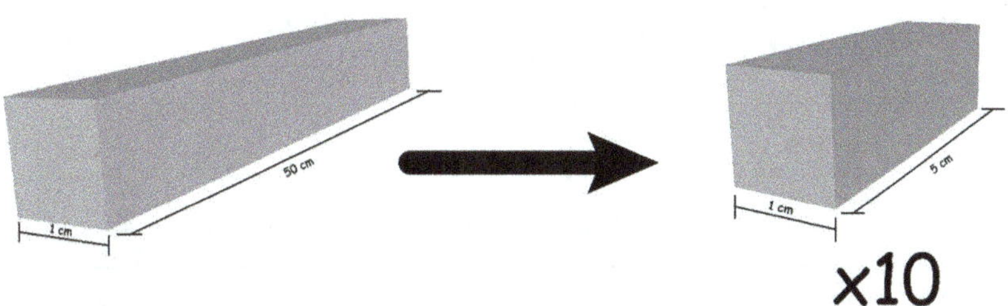

Medición de piezas

Con un vernier se mide el espesor inicial de cada una de las piezas antes de deformar y se colocan los valores obtenidos en la tabla 1.1, cabe mencionar que los porcentajes de deformación se pueden variar.

Tabla 1.1. Piezas por deformar a determinado porcentaje de deformación

No. de pieza	Espesor inicial sin deformar (mm)	% Def. teórica
1		10
2		15
3		25
4		35
5		45
6		55
7		65
8		75

Cálculo de espesor final para cada porcentaje de deformación teórico

Se realiza el cálculo para conocer el espesor que deberá tener cada pieza de aluminio después de laminar a cada porcentaje de deformación teórica (espesor final teórico), para conocer por la diferencia de espesores el valor numérico que se debe de reducir.

Cálculo para 10 % de deformación

Cálculo para 15 % de deformación

Cálculo para 25 % de deformación

Cálculo para 35 % de deformación

Cálculo para 45 % de deformación

Cálculo para 55 % de deformación

Cálculo para 65 % de deformación

Cálculo para 75 % de deformación

Laminación de piezas

La pieza de aluminio se pasa cuantas veces sea necesario por los rodillos para reducir el espesor calculado, teniendo en cuenta que cada vuelta del engranaje reduce 1.5 mm de la pieza.

Nota: No reducir más de 0.6 mm por laminado.

Figura 1.4. *Laminadora*

Preparación metalográfica

De los diferentes porcentajes de deformación, a cada pieza laminada se le secciona en dos partes, una de ellas, se le realiza el desbaste con lijas de agua (120, 240, 320, 400, 600, 1000, 1500 y 2000). Luego, cada pieza se pule a espejo utilizando un paño y alúmina (Al_2O_3), hasta una apariencia especular. Se procede a realizar el revelado de la microestructura haciendo uso del reactivo HF al 1%, realizándolo por goteo y llenando la superficie de la pieza; dicho reactivo produce una reacción exotérmica, generando burbujeo en la superficie, transcurrido el tiempo se enjuaga y se seca.

Observación al microscopio y toma de micrografía

La pieza revelada químicamente se lleva al microscopio estereoscópico, se enfoca y se toma una fotografía de la microestructura observada a 50X. Considere que los aumentos y tipo de microscopio dependerán de cada pieza.

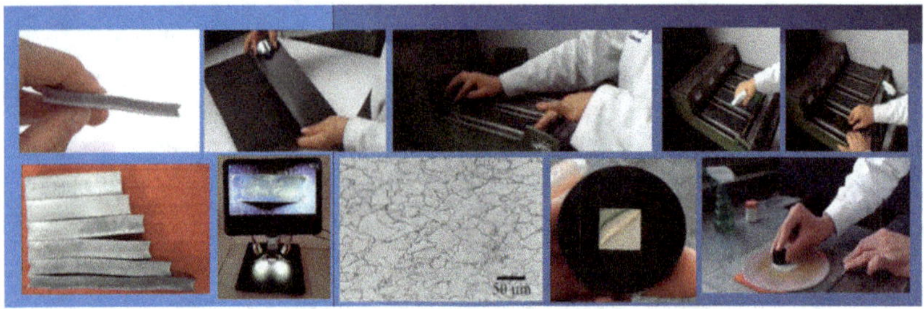

Figura 1.5. *Preparación Metalográfica.4.2*

Medición de dureza

La segunda parte de cada pieza (laminada a diferentes porcentajes de deformación y cortada) se desbasta con lijas de agua

(120, 240, 320, 400 y 600). Se coloca en la platina del durómetro Rockwell y se le realiza el ensayo de dureza Rockwell H (HRH), aplicando la carga correspondiente al tipo de escala ocupada y utilizando el indentador adecuado, moviendo el maneral de forma ascendente hasta que toque el material y llevando el *display* (o reloj analógico) a la carga de lectura dada por el equipo, para que se efectúe de manera correcta el ensayo. Tomar el valor y anotarlo en la tabla 1.2 en la columna correspondiente.

Figura 1.6. *Medición de dureza Rockwell B*

V. MANEJO Y ANÁLISIS DE RESULTADOS

A continuación, realiza los cálculos para la determinación de los porcentajes de deformación experimentales, los cuales deberás colocar de forma ordenada en la tabla 1.2, así como la dureza tomada para cada pieza.

Cálculo para la determinación del porcentaje de deformación experimental

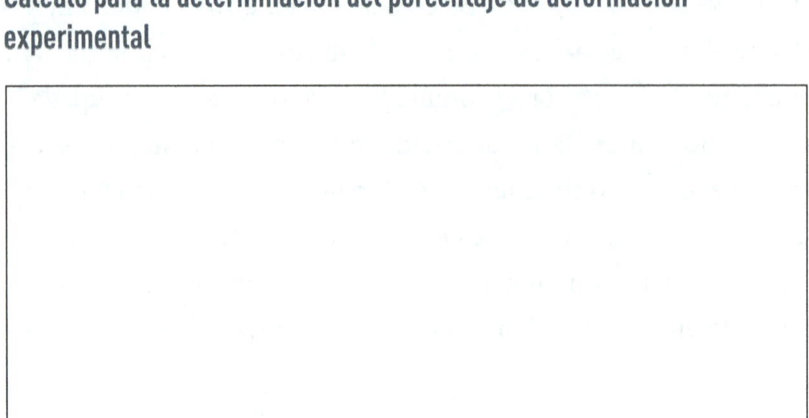

Tabla 1.2. Concentración de la información de los resultados de las diferentes piezas deformadas

Pieza	% Def. Teo.	Espesor inicial (mm)	Espesor final exp. (mm)	%Def. Exp.	HRH
1	10				
2	15				
3	25				
4	35				
5	45				
6	55				
7	65				
8	75				

En la tabla 1.3 coloca las micrografías mostrando las morfologías experimentales obtenidas al término del endurecimiento por deformación de los diferentes porcentajes, comparados con las morfologías teóricas del aluminio.

Tabla 1.3. Comparación de las micrografías mostrando las morfologías

Pieza	Morfología teórica	Morfología experimental
1		
2		
3		
4		
5		
6		
7		
8		

Análisis

Presenta en el siguiente recuadro la gráfica que relaciona la dureza en función del porcentaje de deformación experimental.

Análisis

VI. ACTIVIDADES COMPLEMENTARIAS

- Cuando se efectúa el trabajo en frío sobre un material metálico, ¿qué sucede con la red cristalina?

- ¿Por qué se obtuvo la microestructura observada al microscopio en cada pieza? Tome en cuenta la red cristalina que presenta el aluminio y fundamente su respuesta con la literatura.

- Relacione la curva de esfuerzo-deformación teórica con los resultados obtenidos en el trabajo en frío.

- Se tiene una pieza de aluminio de (0.5 x 0.75 x 5) m3 y se desea deformar para obtener una mayor dureza evitando que la pieza final no sea tan frágil. Diseñe el proceso de laminado de la pieza, mencionando a qué porcentaje de deformación se laminaría el espesor final reducido de la pieza, cuál espesor es el que reduciría, qué defectos encontraría en la pieza final y cómo los eliminaría.

- Mencione tres reactivos que se utilicen para revelado químico de la microestructura del material utilizado en esta práctica.

VII. Conclusiones

____

____

____

____

____

____

____

VIII. Bibliografía

Askeland, D. (1998). *Ciencia e Ingeniería de materiales.* México: International Thomson Editores.

Avner, S. (1988). *Introducción a la Metalurgia Física.* México: McGraw-Hill.

Pollack, H. (1989). *Manual de máquinas-herramientas.* México: Prentice Hall Hispanoamericana, S.A.

Verhoeven, J. (1987). *Fundamentos de Metalurgia Física.* México: Editorial Limusa.

Práctica 2

Endurecimiento por deformación del cobre

I. INTRODUCCIÓN

Una de las propiedades mecánicas más relevantes en un material ingenieril es la dureza (resistencia a la penetración o indentación) y es justo por este motivo que siempre se está buscando incrementarla, por medio de diferentes técnicas.

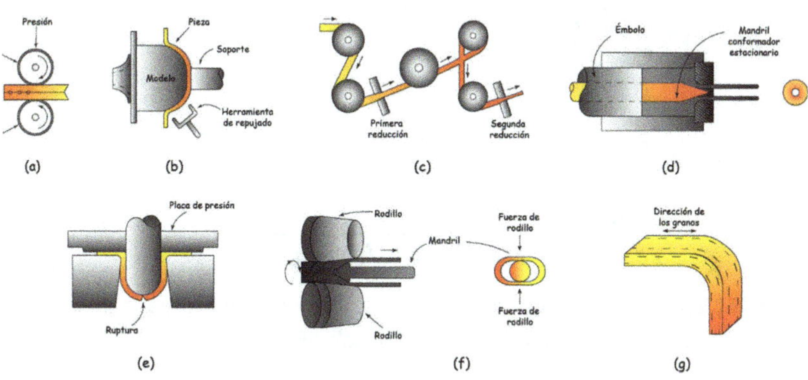

Figura 2.1. *Esquemas de las técnicas de endurecimiento por deformación.* (a) Rolado o laminado, (b) repujado, (c) trefilado, (d) extrusión, (e) embutido, (f) punzonado, (g) doblado. (Pollack, 1989).

El endurecimiento por deformación, o trabajo en frío, es uno de los métodos más conocidos y utilizados para endurecer metales; se emplea mediante varias técnicas, como los que se muestran en la figura 2.1 (laminado, forja, trefilado, extrusión, embutido, estirado y doblado). El hecho de que un material metálico se endurezca por este método se debe al desplazamiento de planos de átomos en la red cristalina y está relacionada con la presencia de dislocaciones en su estructura (medios planos de átomos y defectos lineales de los materiales cristalinos). Al aplicar un esfuerzo cortante al material, los planos de átomos se desplazan, las dislocaciones se multiplican y se generan diferentes texturas en la superficie, provocando que haya una gran concentración de esfuerzos dentro de la estructura del metal y que este se endurezca (Avner, 1988).

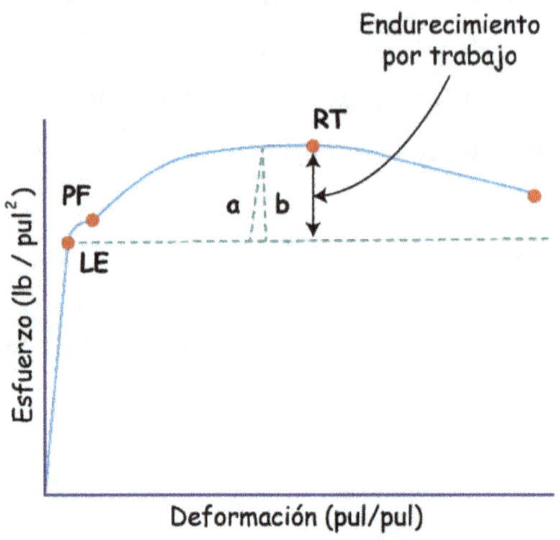

Figura 2.2. *Endurecimiento por deformación de un metal visto desde la perspectiva de la curva esfuerzo-deformación.* Véase (Pollack,1989).

Al obtener los resultados del trabajo en frío, estos pueden ser relacionados con la curva esfuerzo-deformación. Se tendrá un determinado esfuerzo que, al evaluar por segunda vez el material y construir de nuevo la curva esfuerzo-deformación, se convertirá en el nuevo límite elástico del material. De esta manera, la resistencia a la tensión crecerá, mientras la zona de deformación plástica disminuye (Askeland, 1998). En la figura 2.2 se muestra esta.

Como ya se mencionó, el endurecimiento por deformación causa el deslizamiento de planos y medios planos de átomos y, a su vez, el endurecimiento del material, pero este no es el único mecanismo que puede producir un endurecimiento en una pieza metálica cuando esta se deforma, el maclaje es otro mecanismo y es causante de un extensivo cambio de forma o, en su defecto, de colocar planos potenciales de deslizamiento en una posición más favorable para su deslizamiento. El maclaje se genera en ciertos materiales, pero de manera general se encuentra más fácilmente en los metales con estructura cristalina HCP (Askeland, 1998). En la figura 2.3 se ilustra el mecanismo de maclaje para un sistema cristalino FCC, antes de aplicar un esfuerzo (líneas punteadas) y después de retirar el esfuerzo (líneas continuas).

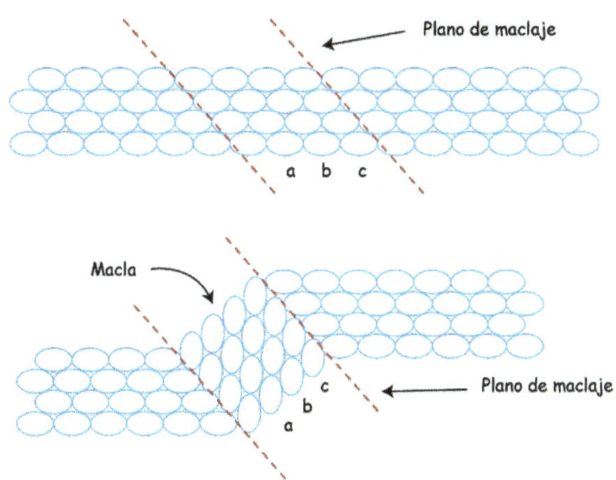

Figura 2.3. *Diagrama esquemático de maclaje en un sistema cristalino FCC.* Véase (Abbaschian, 2009).

II. OBJETIVOS

Objetivo general

Identificar y conocer los efectos que tiene el trabajo en frío sobre la dureza, así como analizar la microestructura del cobre.

Objetivos específicos

a. Relacionar la curva de esfuerzo-deformación teórica del cobre con el cambio de dureza al deformar.

b. ____

____

____

c. ____

____

____

III. HIPÓTESIS

____

____

____

____

____

IV. DESARROLLO EXPERIMENTAL

Material y equipo

- Barra de aluminio
- Segueta
- Vernier
- Laminadora
- Lijas de agua
- Paño
- Atomizador
- $FeCl_{3(ac)}$ ácido
- Microscopio metalográfico
- Durómetro

Procedimiento

Corte de barra de cobre

La barra cuadrada de cobre de 1 cm de ancho, 1 cm de espesor y 40 cm de largo (o una barra cilíndrica de 1 cm de diámetro y 40 cm de largo) se secciona en 8 partes de 5 cm de longitud, utilizando la segueta como herramienta de corte.

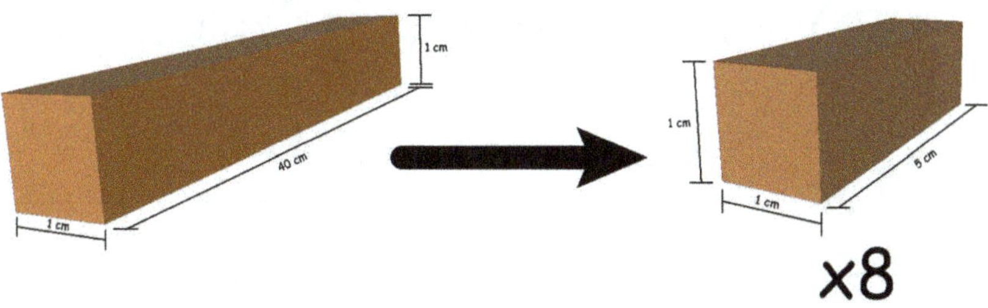

Medición de piezas

Con un vernier se mide el espesor inicial de cada una de las piezas y se colocan los valores obtenidos en la siguiente tabla.

Tabla 2.1. Piezas por deformar a determinado porcentaje de deformación

No. de pieza	Espesor inicial (mm)	%Def. teórica
1		10
2		15
3		25
4		35
5		45
6		55
7		65
8		75

Cálculo de espesor final para cada porcentaje de deformación teórico

Se realiza el cálculo para conocer el espesor que deberá tener cada pieza de cobre después de laminar (espesor final teórico) a cada porcentaje de deformación teórica y conocer por la diferencia de espesores el valor numérico que se debe de reducir.

En donde se deberá despejar el espesor final que se requiere conocer utilizando la ecuación del porcentaje de deformación

$$\%def = \frac{l_0 - l_f}{l_0} x100 \qquad (1)$$

Cálculo para 10 % de deformación

Cálculo para 15 % de deformación

Cálculo para 25 % de deformación

Cálculo para 35 % de deformación

Cálculo para 45 % de deformación

Cálculo para 55 % de deformación

Cálculo para 65 % de deformación

Laminación de piezas

La pieza de cobre se pasa cuantas veces sea necesario por los rodillos para reducir el espesor calculado, teniendo en cuenta que cada vuelta del engranaje reduce 1.5 mm de la pieza.

Nota: No reducir más de 0.6 mm por laminado.

Figura 2.4. *Laminadora*

Preparación metalográfica

Una de las dos partes obtenidas en el corte de cada pieza, de los diferentes porcentajes de deformación, se desbasta con lijas de agua (120, 240, 320, 400, 600, 1000, 1500 y 2000). Cada pieza desbastada se pule a espejo utilizando un paño y alúmina (Al_2O_3). Se procede a realizar el revelado de la microestructura haciendo uso de $FeCl_{3(ac)}$ como reactivo.

Pieza en el microscopio y toma de micrografía

La pieza revelada químicamente se lleva al microscopio metalográfico, se enfoca y se toma una fotografía de la microestructura observada a 400X. Considere que los aumentos y tipo de microscopio dependen de los requerimientos de cada pieza.

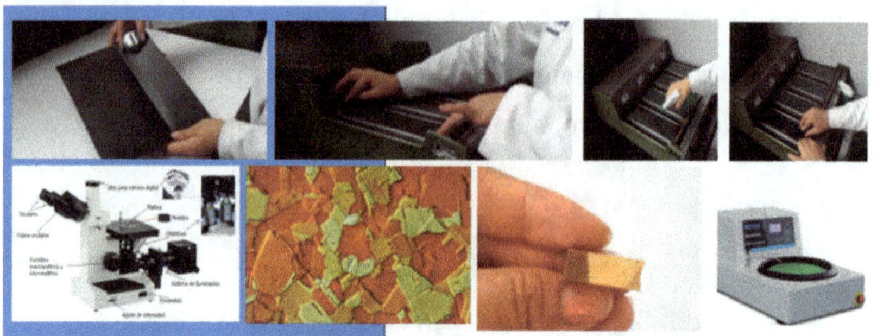

Figura 2.5. *Preparación Metalográfica*

Medición de dureza

La segunda parte de cada pieza laminada a diferentes porcentajes de deformación y cortada se desbasta con lijas de agua (120, 240, 320, 400 y 600). Se coloca en la platina del durómetro Rockwell y se realiza un ensayo de dureza HRH, aplicando la carga correspondiente al tipo de escala ocupada y utilizando el indentador adecuado, moviendo el maneral de forma ascendente hasta que toque el material y llevando el *display* (o reloj analógico) a la carga de lectura dada por el equipo para que se efectúe de forma correcta el ensayo. Tomar el valor y anotarlo en la tabla 2.2 en la columna correspondiente.

V. Manejo y Análisis de Resultados

A continuación, se presenta un ejemplo de cálculo para la determinación de los porcentajes de deformación experimentales, los cuales se muestran de forma ordenada en la tabla 2.2, así como la dureza tomada para cada pieza.

Ejemplo de cálculo

Tabla 2.2. Durezas de piezas a diferentes porcentajes de deformación teórica y experimental

Pieza	% Def. Teo.	Espesor Inicial (mm)	Espesor Final Exp. (mm)	% Def Exp.	Dureza HRH
1	10				
2	15				
3	25				
4	35				
5	45				
6	55				
7	65				
8	75				

La tabla 2.3 muestra la morfología obtenida al término del endurecimiento por deformación a los diferentes porcentajes experimentados comparadas con la morfología teórica del cobre a los mismos porcentajes.

Tabla 2.3. Comparación de morfología

Pieza	Morfología teórica	Morfología experimental
1		
2		
3		
4		
5		
6		
7		
8		

Presenta en el siguiente recuadro la gráfica que relaciona la dureza en función del porcentaje de deformación experimental.

\Análisis

VI. ACTIVIDADES COMPLEMENTARIAS

- ¿En qué consiste el mecanismo de endurecimiento por deformación?
- ¿Qué son las maclas y por qué se forman?
- Relacione la curva de esfuerzo-deformación teórica con los resultados obtenidos en el trabajo en frío.
- Se tiene una pieza de cobre de (1.0 x 0.20 x 0.25) m3 y se desea laminarla para obtener una mayor dureza, evitando que la pieza final sea lo menos frágil posible. Diseñe el laminado de la pieza, mencionando a qué porcentaje de deformación se laminaría, el espesor final reducido de la pieza y cuál espesor es el que reduciría.
- Mencione tres reactivos que se utilicen para revelado químico de la microestructura del material utilizado en esta práctica.

VII. Conclusiones

____

____

____

◅(37)▻

VIII. Bibliografía

Abbaschian, R. (2009). *Physical Metallurgy Principles.* Estados Unidos de America: Cengage Learning.

Askeland, D. (1998). *Ciencia e Ingeniería de materiales.* México: International Thomson Editores.

Avner, S. (1988). *Introducción a la Metalurgia Física.* México: McGraw-Hill.

Pollack, H. (1989). *Manual de máquinas-herramientas.* México: Prentice Hall Hispanoamericana, S.A.

Práctica 3

Endurecimiento por deformación de latón

I. Introducción

Una de las propiedades mecánicas más relevantes en un material ingenieril es la dureza (resistencia a la penetración) y es justo por este motivo que siempre se está buscando incrementarla por medio de diferentes técnicas.

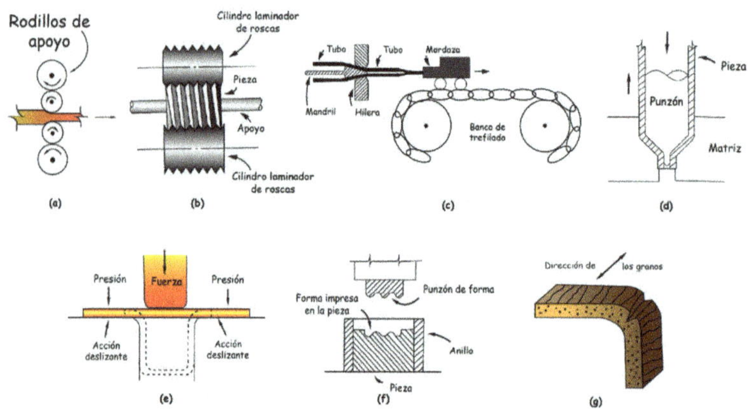

Figura 3.1. *Esquemas de las técnicas de endurecimiento por deformación.* (a) Rolado o laminado, (b) laminado de roscas, (c) trefilado, (d) extrusión, (e) embutido, (f) acuñado, (g) doblado. Véase (Pollack, 1989).

El endurecimiento por déformación, o trabajo en frío, es uno de los métodos más conocidos y utilizados para endurecer metales; se emplea mediante varias técnicas, como lós que se muestran en la figura 3.1 (laminado, forja, trefilado, extrusión, embutido, estirado y doblado). El hecho de que un material metálico se endurezca por este método se debe al desplazamiento de planos de átomos en la red cristalina y está relacionada con la presencia de dislocaciones en su estructura (medios planos de átomos y defectos lineales de los materiales cristalinos). Al aplicar un esfuerzo cortante al material, los planos de átomos se desplazan, las dislocaciones se multiplican y se generan diferentes texturas en la superficie, provocando que haya una gran concentración de esfuerzos dentro de la estructura del metal y que este se endurezca (Avner, 1988).

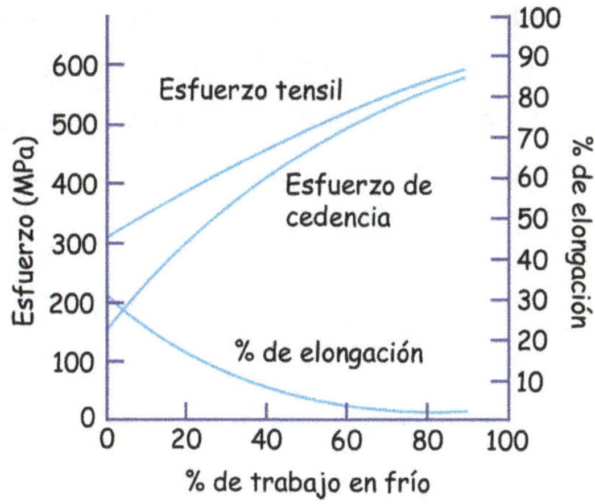

Figura 3.2. *Efecto del trabajo en frío sobre las propiedades mecánicas del cobre.* Véase (Askeland, 2010).

Al obtener los resultados del trabajo en frío, estos pueden ser relacionados con la curva esfuerzo-deformación. Se tendrá un determinado esfuerzo que, al evaluar por segunda vez el material y construir de nuevo la curva esfuerzo-deformación, se convertirá en el nuevo límite elástico del material. De esta manera, la resistencia a la tensión crecerá, mientras la zona de deformación plástica disminuye (Askeland, 1998). En la figura 3.2 se muestra esta relación.

Como ya se mencionó, el endurecimiento por deformación causa el deslizamiento de planos y medios planos de átomos y, a su vez, el endurecimiento del material, pero este no es el único mecanismo que puede producir un endurecimiento en una pieza metálica cuando esta se deforma, el maclaje es otro mecanismo y es causante de un extensivo cambio de forma o, en su defecto, de colocar planos potenciales de deslizamiento en una posición más favorable para su deslizamiento. El maclaje se genera en ciertos materiales, pero de manera general se encuentra más fácil en los metales con estructura cristalina HCP. En la figura 3.3 se muestra se ilustra el mecanismo de maclaje para un sistema cristalino FCC, antes de aplicar un esfuerzo (líneas punteadas) y después de retirar el esfuerzo (líneas continuas) (Verhoeven, 1987).

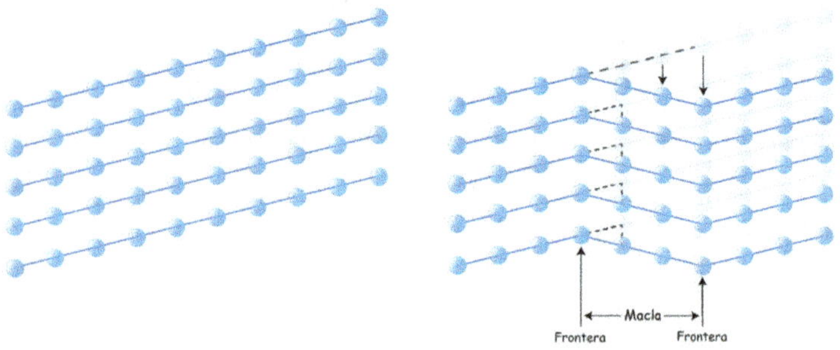

Figura 3.3. *Diagrama esquemático de maclaje en un sistema cristalino FCC.* Véase (Askeland, 2010).

II. Objetivos

Objetivo general

Identificar y conocer los efectos que tiene el trabajo en frío sobre la dureza, así como analizar la microestructura del latón.

Objetivos específicos

a. Relacionar la curva de esfuerzo-deformación teórica del latón con el cambio de dureza al deformar.

b. ____
____
____
____

c. ____
____
____
____

III. Hipótesis

____
____
____
____
____
____

Material y equipo

- Barra de aluminio
- Segueta
- Vernier
- Laminadora
- Lijas de agua

- Paño
- Atomizador
- $FeCl_{3(ac)}$ ácido
- Microscopio metalográfico
- Durómetro

Procedimient

Corte de barra de latón

La barra cilíndrica de latón de 2.54 cm de diámetro y 30 cm de largo se secciona en 10 partes de 3 cm de longitud, utilizando una herramienta de corte.

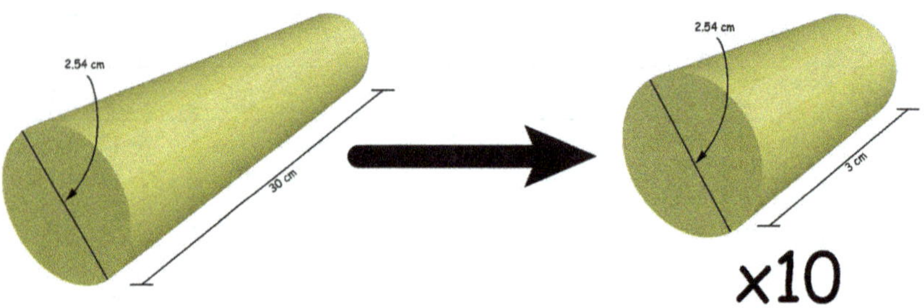

Medición de piezas

Con un vernier se mide el espesor inicial de cada una de las piezas y se colocan los valores obtenidos en la tabla 3.1.

Tabla 3.1. Piezas por deformar a determinado porcentaje de deformación

No. de pieza	Espesor inicial (mm)	%Def. teórica
1		10
2		15
3		25
4		35
5		45
6		55
7		65
8		75

Cálculo de espesor final para cada porcentaje de deformación teórico

Se realiza el cálculo para conocer el espesor que deberá tener cada pieza de latón después de comprimir (espesor final teórico) a cada porcentaje de deformación teórica y conocer por la diferencia de espesores el valor numérico que se debe de reducir.

Cálculo para 10 % de deformación

Cálculo para 15 % de deformación

Cálculo para 25 % de deformación

Cálculo para 35 % de deformación

Cálculo para 45 % de deformación

Cálculo para 55 % de deformación

Cálculo para 65 % de deformación

Cálculo para 75 % de deformación

Compresión de piezas

La pieza de latón se desforma por compresión en la máquina de ensayos universales incrementando en cada deformación las toneladas.

Nota: Tener cuidado con las deformaciones realizadas debido a que se fractura y pueden salir en pedazos.

Figura 3.4. *Máquina de ensayos universales*

Preparación metalográfica

Una de las dos partes obtenidas en el corte de cada pieza, a diferentes porcentajes de deformación, se desbasta con lijas de agua (120, 240, 320, 400, 600, 1000, 1500 y 2000). Cada pieza desbastada se pule a espejo utilizando un paño y alúmina (Al_2O_3). Se procede a realizar el revelado de la microestructura haciendo uso de $FeCl_3$ ácido como reactivo.

Pieza en el microscopio y toma de micrografía

La pieza revelada químicamente se lleva al microscopio metalográfico, se enfoca y se toma una fotografía de la microestructura observada a 400X. Considere que los aumentos y tipo de microscopio dependen de los requerimientos de cada pieza.

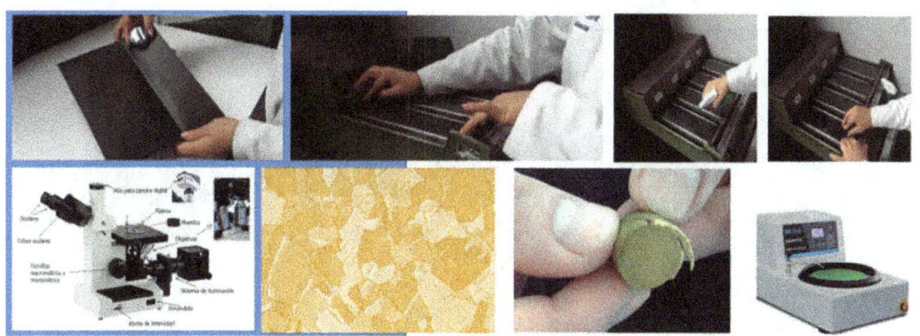

Figura 3.5. *Preparación Metalográfica*

Medición de dureza

La segunda parte de cada pieza laminada a diferentes porcentajes de deformación y cortada se desbasta con lijas de agua (120, 240, 320, 400 y 600). Se coloca en la platina del durómetro Rockwell y se realiza un ensayo de dureza HRH, aplicando la carga correspondiente al tipo de escala ocupada y utilizando el identador adecuado, moviendo el maneral de forma ascendente hasta que toque el material y llevando el *display* (o reloj analógico) a la carga de lectura dada por el equipo para que se efectúe de manera correcta el ensayo. Tomar el valor y anotarlo en la tabla 3.2 en la columna correspondiente.

V.   MANEJO Y ANÁLISIS DE RESULTADOS

A continuación, se presenta un ejemplo de cálculo para la determinación de los porcentajes de deformación experimentales, los cuales se muestran de forma ordenada en la tabla 3.2, así como la dureza tomada para cada pieza.

Ejemplo de cálculo

Tabla 3.2. Durezas de piezas a diferentes porcentajes de deformación teórica y experimental

Pieza	%Def. Teo.	Espesor inicial (mm)	Espesor final Exp. (mm)	%Def Exp.	Dureza HRH
1	10				
2	15				
3	25				
4	35				
5	45				
6	55				
7	65				
8	75				

En la tabla 3.3 se muestra la morfología obtenida al término del endurecimiento por deformación a los diferentes porcentajes experimentados comparadas con la morfología teórica del latón a los mismos porcentajes.

Tabla 3.3. Comparación de morfología

Pieza	Morfología teórica	Morfología experimental
1		
2		
3		
4		
5		
6		
7		
8		

Presenta en el siguiente recuadro la gráfica que relaciona la dureza en función del porcentaje de deformación experimental.

VI. ACTIVIDADES COMPLEMENTARIAS

- Mencione y explique ¿qué tipos de dislocaciones existen?

- Comente al menos cuatro técnicas para realizar un endurecimiento por deformación en un material metálico.

- Menciona al menos tres propiedades que aumentan con el trabajado en frío y al menos dos que bajen con dicho trabajado en frío.

- Se tiene una pieza de latón de $(0.90 \times 1.1 \times 0.80)$ m^3 y se desea laminarla para obtener una mayor dureza y que la pieza final sea lo menos frágil posible. Diseñe el laminado de la pieza, mencionando a qué porcentaje de deformación se laminaría, el espesor final reducido de la pieza, cuál espesor es el que reduciría y qué defectos habría en la pieza final.

- Mencione tres reactivos que se utilicen para el revelado químico de la microestructura del material utilizado en esta práctica.

VII. Conclusiones

____

____

____

____

____

____

____

VIII. Bibliografía

Askeland, D. (1998). *Ciencia e Ingeniería de materiales.* México: International Thomson Editores.

Avner, S. (1988). *Introducción a la Metalurgia Física.* México: McGraw-Hill.

Askeland, D. (2010). *Essentials of Materials Science and Engineering.* Canadá: Cengage Learning.

Pollack, H. (1989). *Manual de máquinas-herramientas.* México: Prentice Hall Hispanoamericana, S.A.

Verhoeven, J. (1987). *Fundamentos de Metalurgia Física.* México: Editorial Limusa.

Práctica 4

Endurecimiento por límite de grano

I. INTRODUCCIÓN

Entre los mecanismos de endurecimiento conocidos se encuentra la deformación en frío (laminado, forjado, trefilado, embutido, doblado, etc.), la precipitación de segunda fase (endurecimiento por envejecimiento) añadiendo algún refuerzo a la matriz y mediante la adición de un elemento aleante (solución sólida); entre otras.

Figura 4.1. *Macroestructuras del Al 6062, en la figura de la izquierda se observa un tamaño de grano grande derivado a un enfriamiento lento (molde metálico a 400°C, velocidad baja), en el centro se observa un tamaño de grano más pequeño ya que fue enfriado a una velocidad media y en la derecha se observa un tamaño de grano pequeño por un enfriamiento a velocidad alta, esto visto con el estereoscopio a 10 X.*

En esta práctica se abordará el endurecimiento por refinación de grano (también llamada por límite de grano o por tamaño de grano), este mecanismo de endurecimiento tiene gran aplicación dentro de la industria, toda vez que la ductilidad del material no se vea alterada en gran medida (Askeland, 1998). En la figura 4.1 se muestra la macroestructura de una aleación de aluminio 6062 a diferentes velocidades de enfriamiento.

La velocidad de enfriamiento o severidad con la que solidifica el material se puede promover con la variación de temperatura del molde o del medio de enfriamiento (Avner, 1988).

II. OBJETIVOS

Objetivo general

Definir el concepto de refinación de grano, comprender e identificar el mecanismo de endurecimiento en el material policristalino, analizando el efecto de la rapidez de enfriamiento.

Objetivos específicos

a. ____

____

____

b. ____

____

____

c. ____

____

____

____

____

____

____

____

____

4.1   Fusión y Colada de Bismuto

IV. Desarrollo Experimental

Material y equipo

- Bismuto (Bi) en granalla
- Báscula analítica
- 6 crisoles
- 6 moldes cilíndricos
- Nitrógeno líquido

- Horno de piso
- Salmuera
- Hielo
- Pintura de zirconio

Procedimiento

a) Colocar 100g de Bismuto (Bi) en cada uno de los crisoles, previamente pintado con pintura de zirconio y colocarlos dentro del horno a 350 °C.
Nota: Revisar de manera constante el avance de la fusión de los seis crisoles.

b) Mientras se realiza la fusión del material metálico, se pre-
    pararán los seis moldes cilíndricos:

    Precalentar dos moldes a 100 y 250 °C.

    Poner un molde en hielo hasta alcanzar la temperatura
    de 0 °C.

    Colocar otro en un baño refrigerante (-10 °C).

    Un molde más meterlo en nitrógeno líquido, para alcan-
    zar -195 °C.

    El último dejarlo a temperatura ambiente.

    Nota: El molde debe estar seco, evitando la humedad en
    ellos para el vaciado del material metálico, ya que sufri-
    ría un choque térmico (expulsando material metálico) de
    manera implosiva (figura 4.1.1).

Figura 4.1.1. Moldes metálicos para colada

c) Cuando la fusión se haya completado, colocar los moldes
    sobre la arena (sin cubrirlos) y vaciar de forma rápida el
    bismuto (Bi) fundido; luego dejar solidificar.

d) Desmoldear la pieza y seccionar de manera transversal en
    dos partes (figura 4.1.2).

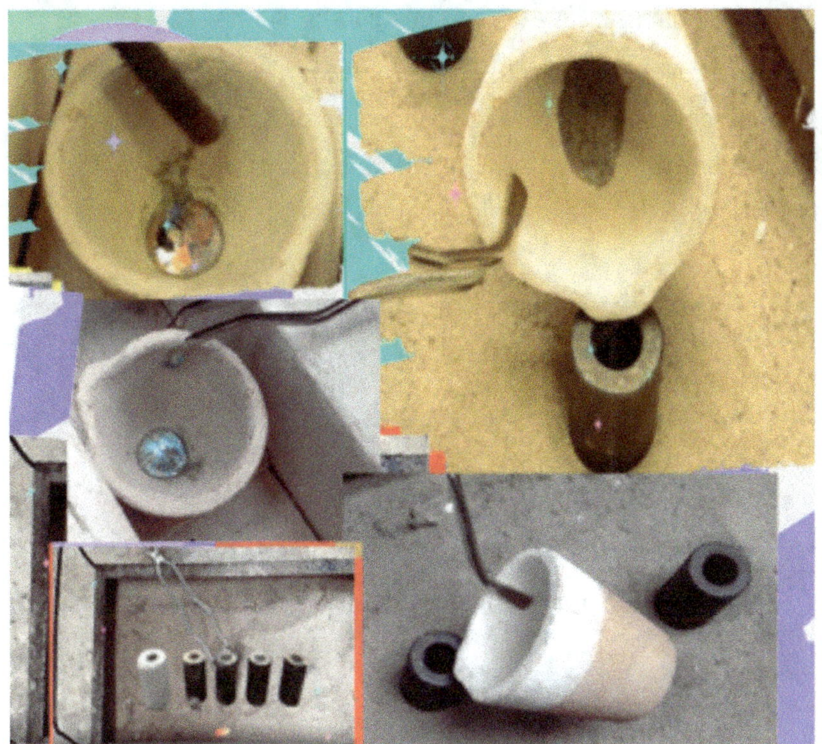

Figura **4.1.2**. Fundición, colada y desmoldeo

4.2 Preparación Metalográfica y Microestructuras

IV. Desarrollo Experimental

Preparación metalográfica

Una de las dos partes obtenidas en el corte de cada pieza se desbasta con lijas de agua (120, 240, 320, 400, 600, 1000, 1500 y 2000) y se pule a espejo utilizando un paño y alúmina (Al_2O_3). Se procede a realizar el revelado de la microestructura con el reactivo correspondiente.

Pieza en el microscopio y toma de micrografía

La pieza revelada químicamente se lleva al microscopio, se enfoca, se observa y se toma la fotografía de la microestructura a los aumentos pertinentes. Considere que los aumentos y tipo de microscopio dependen de los requerimientos de cada pieza.

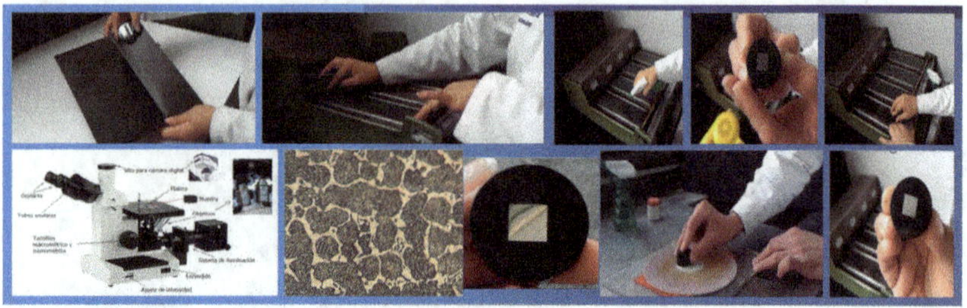

Figura 4.2. *Preparación Metalográfica*

V. Manejo y Análisis de Resultados

Tabla 4.2.1. Comparación entre las microestructuras esperadas y las obtenidas

Aleación	Microestructura teórica esperada (dibujo)	Microestructura experimental obtenida
1		
2		
3		
4		
5		
6		

Análisis

4.3   Medición de Durezas

IV. Desarrollo Experimental

Material y equipo

- Mitades de todas las piezas obtenidas en la colada
- Atomizador
- Lijas de agua
- Durómetro Rockwell

Procedimiento

Preparación de pieza para ensayo de dureza

La segunda parte de la pieza cortada se desbasta con lijas de agua (120, 240, 320, 400 y 600).

Ensayo de dureza

La pieza desbastada se coloca en la platina del durómetro Rockwell y se le realiza una medición de dureza HRH (o en su defecto, HRA), aplicando la carga correspondiente al tipo de escala ocupada y utilizando el indentador adecuado, moviendo el maneral de forma ascendente hasta que toque el material y llevando el *display* (o reloj analógico) a la carga de lectura dada por el equipo, para que se efectúe el ensayo de forma correcta.

V.   Manejo y Análisis de Resultados

Tabla 4.3.1. Durezas del bismuto a diferentes temperaturas del molde

Temperatura de molde	HRH esperada	HRH obtenida

Presenta en el siguiente recuadro la gráfica que relaciona la dureza (esperada y obtenida) en función de la temperatura del molde para el refinamiento de grano.

VI. Actividades Complementarias

- Además de utilizar nitrógeno líquido, ¿qué otras sustancias emplearías para lograr una temperatura menor a -180 ºC?

- ¿A qué se debe la formación de los granos durante la solidificación, a diferentes temperaturas del molde?

- ¿Crees que todos los materiales metálicos se comportan de esta manera cuando solidifican? ¿Por qué?

- ¿Qué sustancia ocuparías para que un molde en el cual se solidifica bismuto llegue a una temperatura de 150 ºC de forma rentable?

VII. Conclusiones

____

____

____

____

____

____

____

VIII. Bibliografía

Askeland, D. (1998). *Ciencia e Ingeniería de materiales.* México: International Thomson Editores.

Avner, S. (1988). *Introducción a la Metalurgia Física.* México: McGraw-Hill.

Práctica 5

Construcción del diagrama de fases
para el sistema isomorfo Bi–Sb

I.   INTRODUCCIÓN

Anadir un elemento aleante a un material metálico es otro mecanismo muy utilizado dentro de la industria para obtener una mayor dureza en los metales, además de lograr incrementar o disminuir otras propiedades de interés, según convenga. Es de suma importancia saber la cantidad que se debe adicionar, así como conocer la microestructura y las fases que se encuentren en el material final, por ese motivo los diagramas de fases, en la actualidad y durante muchas décadas, tienen un papel fundamental en la elaboración de materiales ingenieriles.

Los diagramas de fases se construyen, de manera general, variando la composición química y temperatura a presión constante; o bien, variando la composición química y la presión a temperatura constante. Existen diagramas de fases binarios que presentan una solubilidad total de un componente en el otro, es decir, que en todos los porcentajes el componente de menor proporción se disuelve por completo en el componente mayoritario, a estos diagramas se les llama «isomorfos» y presentan dos líneas, que separan la fase líquida de la fase sólida, tal como se muestra en la figura 5.1. La línea superior recibe el nombre de «liquidus», y representa la transición de la zona pastosa «L+S» (líquido-sólido «alfa») a la fase líquida; y la línea inferior se llama «solidus» y muestra la transición de la zona pastosa al sólido (Avner, 1988).

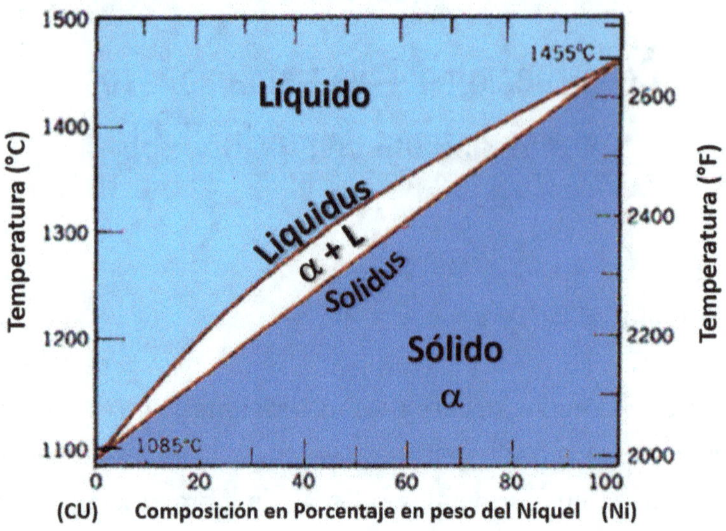

Figura 5.1. *Diagrama isomorfo para el sistema Cu-Ni.* Véase (Askeland, 1998).

II. OBJETIVOS

Objetivo general

Predecir las microestructuras de la aleación a partir de curvas de enfriamiento, construir el diagrama de fases Bi-Sb y analizar el cambio de dureza en función del elemento aleante.

Objetivos específicos

a. Identificar y nombrar las fases presentes en la microestructura que se encuentran presentes en el material de estudio.

b. ____

____

____

c. ____

____

____

III. Hipótesis

____

____

____

____

____

5.1 Balance y Ajuste de Cargas

IV. Desarrollo Experimental

Material y equipo

- Segueta
- Cortadora con disco
  esmeril

- Báscula
- Lingote de Sb
- Granalla de Bi

Procedimiento

Selección de aleaciones Bi-Sb

De acuerdo con el diagrama de fases presentado en la figura 5.1.1 se realiza la selección de las aleaciones Bi-Sb para su posterior balance de carga.

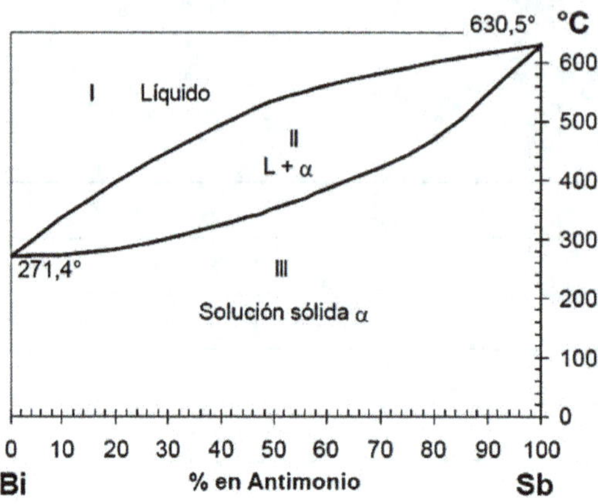

Figura 5.1.1. Diagrama de fases para el sistema binario Bi-Sb. (ASM Internacional, Vol. 3).

Tabla 5.1.1. Composiciones Bi-Sb elegidas para la práctica

Comp. recomendadas	Comp. elegidas
100%Bi	
Bi-30%Sb	
Bi-40%Sb	
100%Sb	

Cálculo de las densidades de las aleaciones ($\rho_{Bi}=$______; $\rho_{Sb}=$______)

Comp. __Bi-__Sb

Comp. __Bi-__Sb

Comp. __Bi-__Sb

Comp. __Bi-__Sb

Comp. __Bi-__Sb

Comp. __Bi-__Sb

Comp. __Bi-__Sb

Cálculo del volumen del molde

Con base en la geometría, realiza el cálculo del volumen del molde metálico a utilizar.

Cálculo de masa total, masa de Bi y masa de Sb para cada aleación

Haciendo uso de la densidad del bismuto (Bi), del antimonio (Sb) y la de cada aleación, así como, del volumen del molde, se realiza el cálculo de la masa total y la masa de cada elemento, de la aleación.

Cálculos de m_{total}, m_{Bi} y m_{Sb} para aleación __Bi-__Sb

Cálculos de m_{total}, m_{Bi} y m_{Sb} para aleación __Bi-__Sb

Cálculos de m_{total}, m_{Bi} y m_{Sb} para aleación __Bi-__Sb

Cálculos de m_{total}, m_{Bi} y m_{Sb} para aleación __Bi-__Sb

Cálculos de m_{total}, m_{Bi} y m_{Sb} para aleación __Bi-__Sb

Cálculos de m_{total}, m_{Bi} y m_{Sb} para aleación __Bi-__Sb

V. MANEJO Y ANÁLISIS DE RESULTADOS

A continuación, se presentan los resultados del balance de cargas para cada aleación seleccionada del sistema isomorfo Bi-Sb en la tabla 5.1.2.

Tabla 5.1.2. Balance de carga para cada aleación Bi-Sb

Aleación	Densidad de aleación (g/cm³)	Masa de aleación (g)	Masa de Bi (g)	Masa de Sb (g)

5.2 FUSIÓN, COLADA Y CURVAS DE ENFRIAMIENTO

IV. DESARROLLO EXPERIMENTAL

Material y equipo

- Cargas de Bi
- Cargas de Sb
- Hornos de piso
- Crisoles
- Pintura de zirconio
- Pinzas metálicas
- Guantes aluminizados
- Careta
- Moldes metálicos
- Adquisidor de datos
- Computadora
- Termopares
- Extensiones para termopar

Procedimiento

Antes de comenzar con la práctica, se le recuerda al profesor, a los alumnos y a todo aquel que vaya a realizarla que en todo momento debe traer puesto el equipo de seguridad correspondiente.

Encender el horno

De acuerdo con el diagrama de fases, se enciende el horno de piso 80 grados por arriba de la temperatura de «liquidus» de las aleaciones seleccionadas.

Precalentado de crisoles y molde metálicos

Las partes internas de los crisoles y moldes metálicos que estarán en contacto con la aleación fundida se recubren con pintura de zirconio. Los crisoles y los moldes se introducen a la mufla para precalentarlos y/o al horno de piso.

Preparación de la fusión del primer metal

Colocar las cargas del metal de mayor punto de fusión en los crisoles precalentados correspondientes a cada aleación y volver a introducirlos al horno de piso.

Nota: Revisar de manera constante el avance de la fusión del metal.

Preparación de la fusión del segundo metal

El metal con menor punto de fusión se introduce poco a poco en el crisol correspondiente a cada aleación de manera rápida, envolviéndolo con el líquido metálico y agitando con cuidado para homogenizar.

Nota: Revisar de manera constante el avance de la fusión de la aleación.

Instale y verifique el funcionamiento del adquisidor de datos y del termopar

Colada de las aleaciones

Para cada aleación: Una vez que la aleación esté por completo líquida y homogénea y que el adquisidor de datos ya se encuentre programado. Se coloca el molde metálico precalentado en la caja de arena, listo para la colada (dejando la entrada del molde descubierta).

Se vacía la aleación en el molde metálico e **inmediatamente** se coloca el termopar (iniciando al instante, la lectura con el adquisidor de datos). Luego, se deja que la adquisición de datos se complete hasta la solidificación.

Curvas de enfriamiento

Con los datos obtenidos de temperatura y tiempo, se construyen las curvas de enfriamiento de cada aleación en una hoja de Excel.

Construcción del diagrama de fases

Se construye el diagrama de fases utilizando las curvas de enfriamiento y los puntos determinados se sobreponen en el diagrama original.

V. MANEJO Y ANÁLISIS DE RESULTADOS

Realiza en los siguientes siete recuadros las curvas de enfriamiento obtenidas para cada composición, realizada del sistema Bi-Sb.

1

2

3

4

5

6

7

Diagramas de fases obtenido y sobrepuesto en el diagrama original

Análisis

5.3 Preparación Metalográfica y Microestructuras

IV. Desarrollo Experimental

Material y equipo

- Piezas Bi-Sb realizadas en prácticas anteriores
- Paño
- Alúmina (Al_2O_3)
- Arco con segueta
- Atomizador

- Lijas de agua
- Desbastadora
- Pulidora
- Reactivos p/revelado de Bi-Sb
- Microscopio óptico

Procedimiento

Seccionamiento de piezas Bi-Sb

Las piezas obtenidas en la fusión y colada se seccionan utilizando una segueta.

Preparación metalográfica

Una de las dos partes obtenidas en el corte por cada pieza, se desbasta con lijas de agua (120, 240, 320, 400, 600, 1000, 1500 y 2000), se pule a espejo utilizando un paño y alúmina (Al_2O_3) y se procede a realizar el revelado de la microestructura con el reactivo adecuado.

Pieza en el microscopio y toma de micrografía

La pieza revelada químicamente se lleva al microscopio, se observa, se enfoca y se toma la fotografía de la microestructura a los aumentos pertinentes. Considere que los aumentos y tipo de microscopio dependen de los requerimientos de cada pieza.

V. MANEJO Y ANÁLISIS DE RESULTADOS

Tabla 5.3.1. Comparación entre las microestructuras esperadas y las obtenidas

Aleación	Microestructura teórica esperada (dibujo)	Microestructura experimental obtenida
1		
2		
3		
4		
5		
6		
7		

Análisis

5.4 Medición de Durezas

IV. Desarrollo Experimental

Material y equipo

- Mitades de todas las piezas obtenidas en la colada.
- Atomizador
- Lijas de agua
- Durómetro Rockwell

Procedimiento

Preparación de pieza de para ensayo de dureza

La segunda parte de la pieza cortada se desbasta con lijas de agua (120, 240, 320, 400 y 600).

Ensayo de dureza

La pieza desbastada se coloca en la platina del durómetro Rockwell y se le realiza una medición de dureza HRH (o en su defecto, HRA), aplicando la carga correspondiente al tipo de escala ocupada y utilizando el indentador adecuado, moviendo el maneral de forma ascendente hasta que toque el material y llevando el *display* (o reloj analógico) a la carga de lectura dada por el equipo, para que se efectúe el ensayo de forma correcta (Figura 5.4).

Figura 5.4. *Medición de dureza Rockwell H*

V. MANEJO Y ANÁLISIS DE RESULTADOS

Tabla 5.4.1. Durezas de las aleaciones para el sistema Bi-Sb

Comp. Bi-Sb	HRH esperada	HRH obtenida

Presenta en el siguiente recuadro la gráfica que relaciona la dureza esperada y obtenida con relación al porcentaje del elemento aleante.

Análisis

VI. ACTIVIDADES COMPLEMENTARIAS

- ¿Qué es una fase?
- ¿Qué es una aleación?
- ¿Qué se entiende por solución sólida?
- ¿Qué representan las líneas «liquidus» y «solidus»?
- ¿En qué consiste el endurecimiento por solución sólida?
- Explique a qué se refiere que un diagrama sea isomorfo. Además del diagrama Bi-Sb, mencione tres diagramas isomorfos.

- En uno de los diagramas de fases de tu respuesta anterior, colóquese en 35, 45, 50 y 70% (de cualquiera de los elementos de aleación), dibuje la curva de enfriamiento a cada una de las composiciones y dibuje sus respectivas historias microestructurales.
- ¿Cómo se espera el comportamiento de la dureza conforme el porcentaje de elemento aleante?
- Escriba las reglas de Hume-Rothery y mencione su aplicación.
- Aplique las reglas de Hume-Rothery en tres sistemas.
- ¿Qué significa que haya una reacción: (1) eutéctica (2) eutectoide?
- ¿Qué significa que haya una reacción: (1) peritéctica (2) peritectoide?

VII. Conclusiones

____

____

____

____

____

____

VIII. Bibliografía

ASM INTERNATIONAL, Vol. 3. *Alloy Phase Diagrams*. The Materials Information Society.

Askeland, D. (1998). *Ciencia e Ingeniería de materiales*. México: International Thomson Editores.

Avner, S. (1988). *Introducción a la Metalurgia Física*. México: McGraw-Hill.

Práctica 6

Construcción del diagrama de fases para el sistema eutéctico Bi–Sn

I. Introducción

La adición de un elemento aleante es una de las técnicas más utilizadas para obtener mejores propiedades mecánicas, algunas aleaciones presentan solubilidad total (solución sólida a) dando lugar a la formación de un diagrama de fases isomorfo, también existen aleaciones binarias con solubilidad parcial, en donde al solidificar el metal líquido, se observa una microestructura formada por dos fases distintas, una perteneciente a la solución de B en A (normalmente llamada alfa 'α') y la otra que proviene de la solución de A en B (llamada beta 'β'), tal y como se muestra en la figura 6.1 (Askeland, 1998). La reacción llevada a cabo para pasar de un líquido a dos sólidos recibe el nombre de reacción eutéctica, es decir, cuando el líquido metálico (L) pasa a formar una combinación de alfa (α) más beta (β) (Avner, 1988).

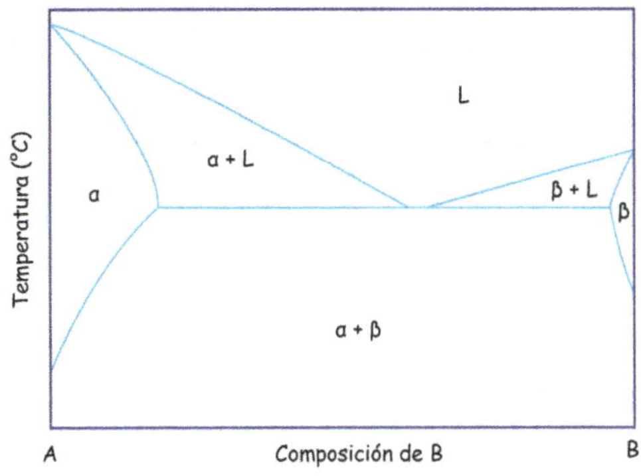

Figura 6.1. *Diagrama eutéctico para el sistema A-B.*

Objetivo general

Predecir las microestructuras de la aleación a partir de curvas de enfriamiento, construir el diagrama de fases eutéctico Bi-Sn y analizar el cambio de dureza en función del elemento aleante.

Objetivos específicos

a. Identificar y nombrar las fases presentes en la microestructura que se encuentran presenten en el material de estudio.

b. ____
____
____

c. ____
____
____

III. HIPÓTESIS

____
____
____
____
____
____

6.1. BALANCE Y AJUSTE DE CARGAS

IV. DESARROLLO EXPERIMENTAL

Material y equipo

- Segueta
- Cortadora con disco esmeril

- Báscula
- Lingote de Sn
- Granalla de Bi

Procedimiento

Selección de aleaciones Bi-Sn

De acuerdo con el diagrama de fases presentado a continuación (Figura 6.1.1), realiza la selección de las aleaciones Bi-Sn para su posterior balance de carga.

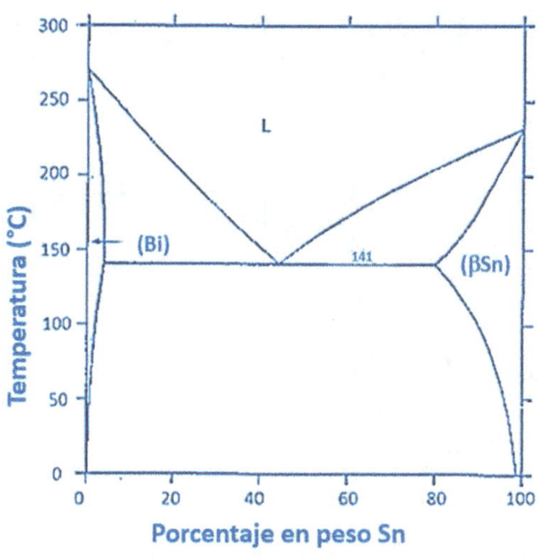

Figura 6.1.1 *Diagrama de fases para el sistema binario Sn-Bi (ASM International, Vol 3)*

Tabla 6.1.1. Composiciones Bi-Sn elegidas para la práctica

Comp. recomendadas	Comp. elegidas
100%Bi	
Bi-20%Sn	
Bi-43%Sn	
Bi-60%Sn	
Bi-92%Sn	
100%Sn	

Cálculo de las densidades de las aleaciones (ρ_{Bi}=______; ρ_{Sn}=______)

Comp. __Bi-__Sn   Comp. __Bi-__Sn

Comp. __Bi-__Sn   Comp. __Bi-__Sn

Comp. __Bi-__Sn   Comp. __Bi-__Sn

Cálculo del volumen del molde

Con base en la geometría, realiza el cálculo del volumen del molde metálico a utilizar.

Cálculo de masa total, masa de Bi y masa de Sb para cada aleación

Haciendo uso de la densidad del bismuto (Bi), del antimonio (Sn) y la de cada aleación, así como, del volumen del molde, se realiza el cálculo de la masa total y la masa de cada elemento, de la aleación.

Cálculos de m_{total}, m_{Bi} y m_{Sn} para aleación __Bi-__Sn

Cálculos de m_{total}, m_{Bi} y m_{Sn} para aleación __Bi-__Sn

Cálculos de m_{total}, m_{Bi} y m_{Sn} para aleación __Bi-__Sn

Cálculos de m_{total}, m_{Bi} y m_{Sn} para aleación __Bi-__Sn

Cálculos de m_{total}, m_{Bi} y m_{Sn} para aleación __Bi-__Sn

Cálculos de m_{total}, m_{Bi} y m_{Sn} para aleación __Bi-__Sn

V. MANEJO DE RESULTADOS

A continuación, se presentan los resultados del balance de cargas para cada aleación seleccionada del sistema Bi-Sn en la tabla 6.1.2.

Tabla 6.1.2. Balance de carga para cada aleación Bi-Sn

Aleación	Densidad de aleación (g/cm³)	Masa de aleación (g)	Masa de Bi (g)	Masa de Sn (g)

6.2 Fusión, Colada y Curvas de Enfriamiento

IV. Desarrollo Experimental

Material y equipo

- Cargas de Bi
- Cargas de Sn
- Hornos de piso
- Crisoles
- Pintura de zirconio
- Pinzas metálicas
- Guantes aluminizados·
- Careta
- Moldes metálicos
- Adquisidor de datos
- Computadora
- Termopares
- Extensiones para termopar

Procedimiento

Antes de comenzar con la práctica, se le recuerda al profesor, a los alumnos y a todo aquel que vaya a realizarla que en todo momento debe traer puesto el equipo de seguridad correspondiente.

Curvas de enfriamiento

Con los datos obtenidos de temperatura y tiempo, se construyen las curvas de enfriamiento de cada aleación en una hoja de Excel.

Construcción del diagrama de fases

Se construye el diagrama de fases utilizando las curvas de enfriamiento y los puntos determinados se sobreponen en el diagrama original.

Encender el horno

De acuerdo con el diagrama de fases, se enciende el horno de piso 80 grados por arriba de la temperatura de liquidus de las aleaciones seleccionadas.

Precalentado de crisoles y molde metálicos

Las partes internas de los crisoles y moldes metálicos que estarán en contacto con la aleación fundida se recubren con pintura de zirconio. Los crisoles y los moldes se introducen a la mufla para precalentarlos y/o al horno de piso.

Preparación de la fusión del primer metal

Colocar las cargas del metal de mayor punto de fusión en los crisoles precalentados correspondientes a cada aleación y volver a introducirlos al horno de piso (Figura 6.2).

Nota: Revisar de manera constante el avance de la fusión del metal.

Figura 6.2. *Mufla para precalentamiento de crisoles*

Preparación de la fusión del segundo metal

El metal con menor punto de fusión se introduce poco a poco en el crisol correspondiente a cada aleación de manera rápida, envolviéndolo con el líquido metálico y agitando con cuidado para homogenizar.

Nota: Revisar de manera constante el avance de la fusión de la aleación.

Instale y verifique el funcionamiento del adquisidor de datos y el termopar

Colada de las aleaciones

Para cada aleación: Una vez que la aleación esté completamente líquida y homogénea y que el adquisidor de datos ya se encuentre programado. Se coloca el molde metálico precalentado en la caja de arena, listo para la colada (dejando la entrada del molde descubierta).

Se vacía la aleación en el molde metálico e **inmediatamente** se coloca el termopar (iniciando al instante, la lectura con el adquisidor de datos). Luego, se deja que la adquisición de datos se complete hasta la solidificación.

Curvas de enfriamiento

Con los datos obtenidos de temperatura y tiempo, se construyen las curvas de enfriamiento de cada aleación en una hoja de Excel.

Construcción del diagrama de fases

Se construye el diagrama de fases utilizando las curvas de enfriamiento y los puntos determinados y se sobreponen en el diagrama original

V. Manejo y Análisis de Resultados

Presenta en los siguientes seis recuadros las curvas de enfriamiento obtenidas para cada composición realizada para el sistema Bi-Sn.

1

2

3

4

5

6

Diagramas de fases obtenido y sobrepuesto en el diagrama original

Análisis

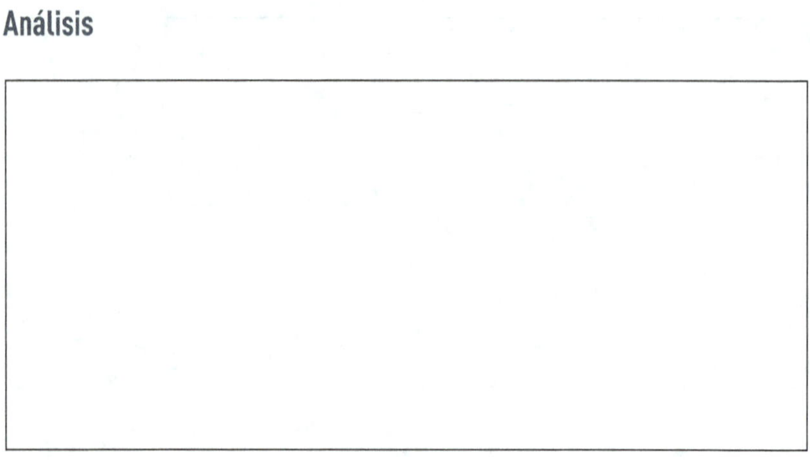

6.3   PREPARACIÓN METALOGRÁFICA Y MICROESTRUCTURAS

IV.   DESARROLLO EXPERIMENTAL

Material y equipo

- Piezas Bi-Sn realizadas en prácticas anteriores
- Paño
- Alúmina (Al2O3)
- Arco con segueta
- Atomizador
- Lijas de agua
- Desbastadora
- Pulidora
- Reactivos p/revelado de Bi-Sn
- Microscopio óptico

Procedimiento

Seccionamiento de piezas Bi-Sn

Las piezas obtenidas en la fusión y colada se seccionan utilizando una segueta.

Preparación metalográfica

Una de las dos partes obtenidas en el corte de cada pieza, se desbasta con lijas de agua (120, 240, 320, 400, 600, 1000, 1500 y 2000), se pule a espejo utilizando un paño y alúmina (Al_2O_3) y se procede a realizar el revelado de la microestructura con el reactivo adecuado.

Pieza en el microscopio y toma de micrografía

La pieza revelada químicamente se lleva al microscopio, se observa, se enfoca y se toma la fotografía de la microestructura a los aumentos pertinentes. Considere que los aumentos y tipo de microscopio dependen de los requerimientos de cada pieza.

V. MANEJO Y ANÁLISIS DE RESULTADOS

Tabla 6.3.1. Comparación entre las microestructuras esperadas y las obtenidas

Aleación	Microestructura teórica esperada (dibujo)	Microestructura experimental obtenida
1		
2		
3		
4		
5		
6		

Análisis

6.4 MEDICIÓN DE DUREZAS

IV. DESARROLLO EXPERIMENTAL

Material y equipo

- Mitades de todas las piezas obtenidas en la colada.
- Atomizador
- Lijas de agua
- Durómetro Rockwell

Procedimiento

Preparación de la pieza para ensayo de dureza

La segunda parte de la pieza se desbasta con lijas de agua (120, 240, 320, 400 y 600).

Ensayo de dureza

La pieza desbastada se coloca en la platina del durómetro Rockwell y se le realiza un ensayo de dureza HRH (o en su defecto, HRA), aplicando la carga correspondiente al tipo de escala ocupada y utilizando el identador adecuado, moviendo el manerral de forma ascendente hasta que toque el material y llevando el *display* (o reloj analógico) a la carga de lectura dada por el equipo para que se efectúe el ensayo de forma correcta.

V. MANEJO Y ANÁLISIS DE RESULTADOS

Tabla **6.4.1.** Durezas de las aleaciones para el sistema Bi-Sn		
Comp Bi-Sn	HRH esperada	HRH obtenida

Realiza en el siguiente recuadro la gráfica de dureza esperada y obtenida en relación con el porcentaje de elemento aleante.

- ¿Qué es una fase?
- ¿Qué es una aleación?
- ¿Qué se entiende por solución sólida?
- ¿Qué representan las líneas liquidus y solidus?
- Explique a qué se refiere que un diagrama sea eutéctico.
- Escriba las reglas de Hume-Rothery y mencione su aplicación.
- Aplique las reglas de Hume-Rothery para tres sistemas eutécticos.
- Defina los siguientes conceptos: Fase, microconstituyente e intermetálico.
- ¿Qué significa que haya una reacción: (1) eutéctica (2) eutectoide?
- ¿Qué significa que haya una reacción: (1) peritéctica (2) peritectoide?
- A qué nos referimos, cuando hablamos de aleaciones hipoeutécticas o hipereutécticas.
- Aplique la regla de la palanca en el diagrama Pb–Sn, a las siguientes condiciones:

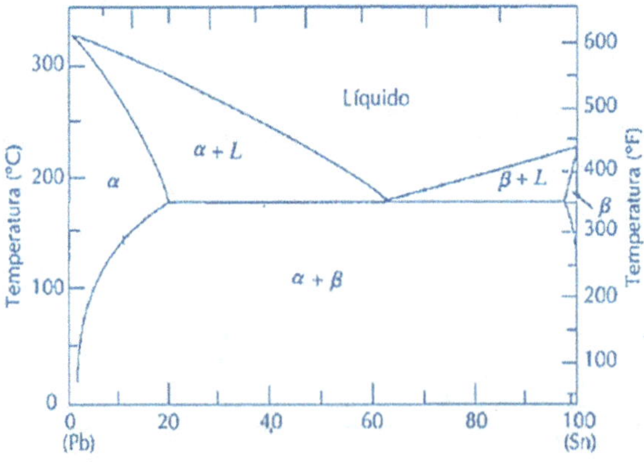

Figura 6.4.1.Diagrama de fase Pb-Sn

a) 10 % de Sn a las siguientes temperaturas: 25 °C, 250 °C y 310 °C.

b) 40 % de Sn a las siguientes temperaturas: 50 °C, 150 °C y 200 °C.

VII. Conclusiones

____

____

____

____

____

____

____

VIII. Bibliografía

ASM INTERNATIONAL, Vol.3. *Alloy Phase Diagrams*. The Materials Information Society.

Askeland, D. (1998). *Ciencia e Ingeniería de materiales*. México: International Thomson Editores.

Avner, S. (1988). *Introducción a la Metalurgia Física*. México: McGraw-Hill.

Práctica 7

Construcción del diagrama de fases para el sistema eutéctico Al–Zn

I. INTRODUCCIÓN

La adición de un elemento aleante es una de las técnicas más utilizadas para obtener mejores propiedades mecánicas. Algunas aleaciones presentan solubilidad total (solución sólida a) dando lugar a la formación de un diagrama de fases isomorfo, también existen aleaciones binarias con solubilidad parcial, en donde al solidificar el metal líquido, se observa una microestructura formada por dos fases distintas, una perteneciente a la solución de B en A (normalmente llamada alfa 'α') y la otra que proviene de la solución de A en B (llamada beta 'β'), tal y como se muestra en la figura 7.1 (Askeland, 1998). La reacción llevada a cabo para pasar de un líquido a dos sólidos recibe el nombre de reacción eutéctica, es decir, cuando el líquido metálico (L) pasa a formar una combinación de alfa (α) más beta (β) (Avner, 1988).

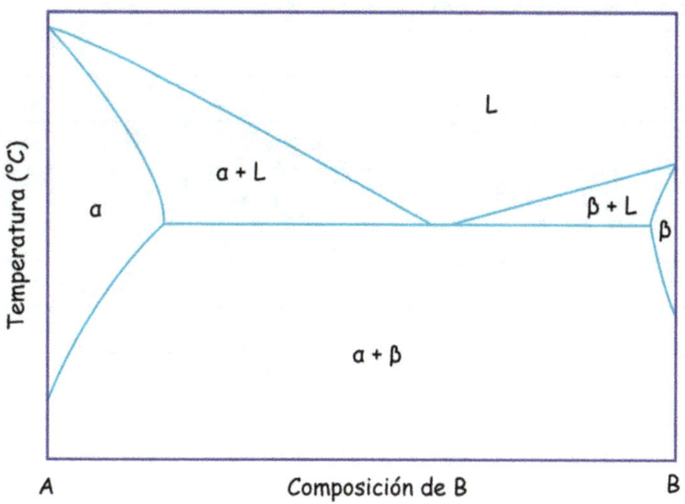

Figura 7.1. *Diagrama eutéctico para el sistema A-B.*

II. Objetivos

Objetivo general

Predecir las microestructuras de la aleación a partir de curvas de enfriamiento, construir el diagrama de fases eutéctico Al-Zn y analizar el cambio de dureza en función del elemento aleante.

Objetivos específicos

a. Identificar y nombrar las fases presentes en la microestructura que se encuentran presenten en el material de estudio.

b. _______________________________________

____

____

____

c. _______________________________________

____

____

____

III. Hipótesis

____

____

____

____

____

____

7.1 Balance y Ajuste de Cargas

IV. Desarrollo Experimental

Material y equipo

- Segueta
- Cortadora con disco esmeril
- Báscula
- Lingote de Al
- Lingote de Zn

Procedimiento

Selección de aleaciones Al-Zn

De acuerdo con el diagrama de fases presentado en la figura 7.1.1 se realiza la selección de las aleaciones Al-Zn para su posterior balance de carga.

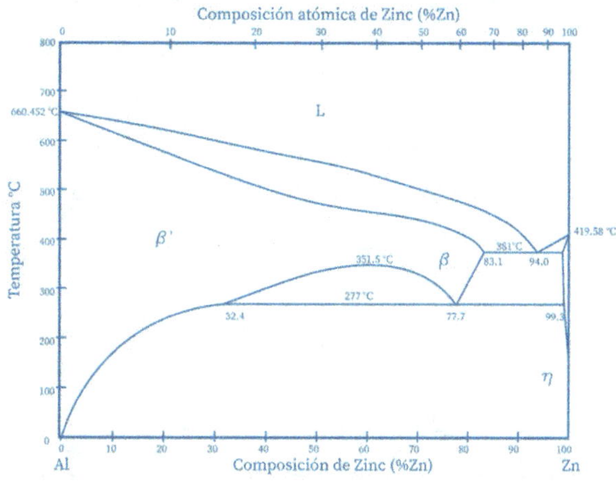

Figura 7.1.1 *Diagrama de fases para el sistema binario Al-Zn (ASM International, Vol. 3).*

Tabla 7.1.1. Composiciones Al-Zn elegidas para la práctica

Comp. recomendadas	Comp. elegidas
100%Al	
Al–1%Zn	
Al–15%Zn	
Al–32.4%Zn	
Al–45%Zn	
Al–77.7%Zn	
Al–94%Zn	
100%Zn	

Cálculo de las densidades de las aleaciones ($\rho_{Al}=$______; $\rho_{Zn}=$______)

Comp. ___Al-___Zn

Comp. ___Al-___Zn

Comp. ___Al-___Zn

Comp. ___Al-___Zn

Comp. ___Al-___Zn

Comp. ___Al-___Zn

Comp. ___Al-___Zn

Comp. ___Al-___Zn

Cálculo del volumen del molde

Con base en la geometría, realiza el cálculo del volumen del molde metálico a utilizar.

Cálculo de masa total, masa de Al y masa de Zn para cada aleación

Haciendo uso de la densidad del Al, la densidad del Zn, la densidad de cada aleación y el volumen del molde, se realiza el cálculo de la masa total de la aleación en el molde y la masa de cada elemento de la aleación.

Haciendo uso de la densidad del aluminio (Al), del zinc (Zn) y la de cada aleación, así como, del volumen del molde, se realiza el cálculo de la masa total y la masa de cada elemento, de la aleación.

Cálculos de m_{total}, m_{Al} y m_{Zn} para aleación __Al-__Zn

Cálculos de m_{total}, m_{Al} y m_{Zn} para aleación __Al-__Zn

Cálculos de m_{total}, m_{Al} y m_{Zn} para aleación __Al-__Zn

Cálculos de m_{total}, m_{Al} y m_{Zn} para aleación __Al-__Zn

Cálculos de m_{total}, m_{Al} y m_{Zn} para aleación __Al-__Zn

Cálculos de m_{total}, m_{Al} y m_{Zn} para aleación __Al-__Zn

Cálculos de m_{total}, m_{Al} y m_{Zn} para aleación __Al-__Zn

Cálculos de m_{total}, m_{Al} y m_{Zn} para aleación __Al-__Zn

V. MANEJO Y ANÁLISIS DE RESULTADOS

A continuación, se presentan los resultados del balance de cargas para cada aleación seleccionada del sistema Al-Zn en la tabla 7.1.2.

Tabla 7.1.2. Balance de carga para cada aleación Al-Zn

Aleación	Densidad de aleación (g/cm^3)	Masa de aleación (g)	Masa de Al (g)	Masa de Zn (g)

7.2 Fusión, Colada y Curvas de Enfriamiento

IV. Desarrollo Experimental

Material y equipo

- Cargas de Al
- Cargas de Zn
- Hornos de piso
- Crisoles
- Pintura de zirconio
- Pinzas metálicas
- Guantes aluminizados
- Careta
- Moldes metálicos
- Adquisidor de datos
- Computadora
- Termopares
- Extensiones para termopar

Procedimiento

Antes de comenzar con la práctica, se le recuerda al profesor, a los alumnos y a todo aquel que vaya a realizarla que en todo momento debe traer puesto el equipo de seguridad correspondiente.

Curvas de enfriamiento

Con los datos obtenidos de temperatura y tiempo, se construyen las curvas de enfriamiento de cada aleación en una hoja de Excel.

Construcción del diagrama de fases

Se construye el diagrama de fases utilizando las curvas de enfriamiento y los puntos determinados se sobreponen en el diagrama original.

Encender el horno

De acuerdo con el diagrama de fases, se enciende el horno de piso 80 grados por arriba de la temperatura más alta de liquidus de las aleaciones seleccionadas en la práctica anterior.

Precalentado de crisoles y molde metálicos

Las partes internas de los crisoles y moldes metálicos que estarán en contacto con la aleación fundida se recubren con pintura de zirconio. Los crisoles y los moldes se introducen a la mufla para precalentarlos y/o al horno de piso.

Figura 7.2. *Horno de piso para precalentamineto de crisoles*

Preparación de la fusión del primer metal

Colocar las cargas del metal de mayor punto de fusión en los crisoles precalentados correspondientes a cada aleación y volver a introducirlos al horno de piso.

Nota: Revisar de manera constante el avance de la fusión del metal.

Preparación de la fusión del segundo metal

El metal con menor punto de fusión se introduce poco a poco en el crisol correspondiente a cada aleación de manera rápida y concisa, envolviéndolo con el líquido metálico y agitando con cuidado para homogenizar. Revise de manera constante el avance de la fusión de la aleación.

Instale y verifique el funcionamiento del adquisidor de datos y del termopar

Colada de las aleaciones

Para cada aleación, una vez que esté homogénea, completamente en estado líquido y el adquisidor funcione de manera perfecta, se entierra el molde metálico, precalentado, en la caja de arena (dejando la entrada del molde descubierta).

Se vacía la aleación en el molde metálico e **inmediatamente** se coloca el termopar (iniciando, **al instante**, la lectura del adquisidor de datos). Dejar que la adquisición de datos se complete.

Curvas de enfriamiento

Con los datos obtenidos de temperatura y tiempo, se construyen las curvas de enfriamiento de cada aleación en una hoja de Excel.

Construcción del diagrama de fases

Se construye el diagrama de fases utilizando las curvas de enfriamiento y los puntos determinados y se sobrepone en el diagrama original.

V. Manejo y Análisis de Resultados

Enseguida, presente las curvas de enfriamiento obtenidas para cada composición realizada del sistema Al-Zn en los siguientes ocho espacios.

1

2

3

4

5

6

7

8

Diagramas de fases obtenido y sobrepuesto en el diagrama original

Análisis

7.3 PREPARACIÓN METALOGRÁFICA Y MICROESTRUCTURAS

IV. DESARROLLO EXPERIMENTAL

Material y equipo

- Piezas Al-Zn realizadas en prácticas anteriores
- Paño
- Alúmina (Al_2O_3)
- Arco con segueta
- Atomizador
- Lijas de agua
- Desbastadora
- Pulidora
- Reactivos p/revelado de Al-Zn
- Microscopio óptico

Procedimiento

Seccionamiento de piezas Al-Zn

Las piezas obtenidas en la fusión y colada se seccionan utilizando una segueta.

Preparación metalográfica

Una de las dos partes obtenidas en el corte de cada pieza obtenida, se desbasta con lijas de agua (120, 240, 320, 400, 600, 1000, 1500 y 2000), se pule a espejo utilizando un paño y alúmina (Al_2O_3), y se procede a realizar el revelado de la microestructura con el reactivo adecuado.

Pieza en el microscopio y toma de micrografía

La pieza revelada químicamente se lleva al microscopio, se enfoca, se observa y se toma la fotografía de la microestructura a los aumentos pertinentes. Considere que los aumentos y tipo de microscopio dependen de los requerimientos de cada pieza.

V. Manejo y Análisis de Resultados

Tabla 7.3.1. Comparación entre las microestructuras esperadas y las obtenidas

Aleación	Microestructura teórica esperada (dibujo)	Microestructura experimental obtenida
1		
2		
3		
4		
5		
6		
7		
8		

7.4 MEDICIÓN DE DUREZAS

IV. DESARROLLO EXPERIMENTAL

Material y equipo

- Mitades de todas las piezas obtenidas en la colada.
- Atomizador
- Lijas de agua
- Durómetro Rockwell

Procedimiento

Preparación de pieza para ensayo de dureza

La segunda parte se desbasta con lijas de agua 120, 240, 320, 400 y 600.

Ensayo de dureza

La pieza desbastada se coloca en la platina del durómetro Rockwell y se le realiza un ensayo de dureza HRH (o en su defecto, HRA), aplicando la carga total correspondiente al tipo de escala ocupada y utilizando el identador adecuado, moviendo el maneral de forma ascendente hasta que toque el material y llevando el *display* (o reloj analógico) a la carga de lectura dada por el equipo para que se efectúe el ensayo de forma correcta.

V. Manejo y Análisis de Resultados

Tabla 7.4.1. Durezas de las aleaciones para el sistema Al-Zn

Comp. Al-Zn	HRH esperada	HRH obtenida

A continuación, realice la gráfica de dureza (esperada y obtenida) en relación con el porcentaje de elemento aleante.

VI. Actividades Complementarias

- ¿Qué es una fase?
- ¿Qué es una aleación?

- ¿Qué se entiende por solución sólida?
- ¿Qué representan las líneas liquidus y solidus?
- Explique a qué se refiere que un diagrama sea eutéctico.
- Escriba las reglas de Hume-Rothery y mencione su aplicación.
- Aplique las reglas de Hume-Rothery para tres sistemas eutécticos.
- Defina los siguientes conceptos: microconstituyente e intermetálico.
- A qué nos referimos, cuando hablamos de aleaciones hipoeutécticas e hipereutécticas.
- Aplique la regla de la palanca en el diagrama Pb–Sn, a las siguientes condiciones:

A 25 % de Sn a las siguientes temperaturas: 25 °C, *150 °C y 310 °C*

A 60 % de Sn a las siguientes temperaturas: 50 °C, *250 °C y 200 °C*

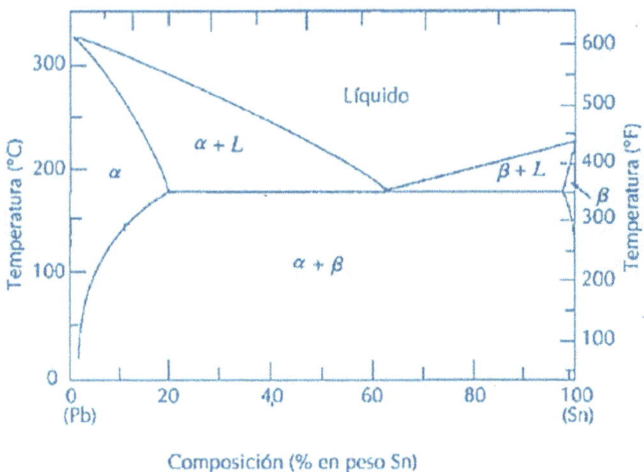

Figura 7.4.1. Diagrama de fases para el sistema binario Pb - Sn (ASM International, Vol. 3)

VII. Conclusiones

____

____

____

____

____

____

____

VIII. Bibliografía

ASM INTERNATIONAL, Vol.3. *Alloy Phase Diagrams*. The Materials Information Society.

Askeland, D. (1998). *Ciencia e Ingeniería de materiales*. México: International Thomson Editores.

Avner, S. (1988). *Introducción a la Metalurgia Física*. México: McGraw-Hill.

Práctica 8

Construcción del diagrama de fases para el sistema eutéctico Sn–Zn

I. INTRODUCCIÓN

La adición de un elemento aleante es una de las técnicas más utilizadas para obtener mejores propiedades mecánicas, algunas aleaciones presentan solubilidad total (solución sólida a) dando lugar a la formación de un diagrama de fases isomorfo, también existen aleaciones binarias con solubilidad parcial, en donde al solidificar el metal líquido, se observa una microestructura formada por dos fases distintas, una perteneciente a la solución de B en A (normalmente llamada alfa 'α') y la otra que proviene de la solución de A en B (llamada beta 'β'), tal y como se muestra en la figura 8.1 (Askeland, 1998). La reacción llevada a cabo para pasar de un líquido a dos sólidos recibe el nombre de reacción eutéctica, es decir, cuando el líquido metálico (L) pasa a formar una combinación de alfa (α) más beta (β) (Avner, 1988).

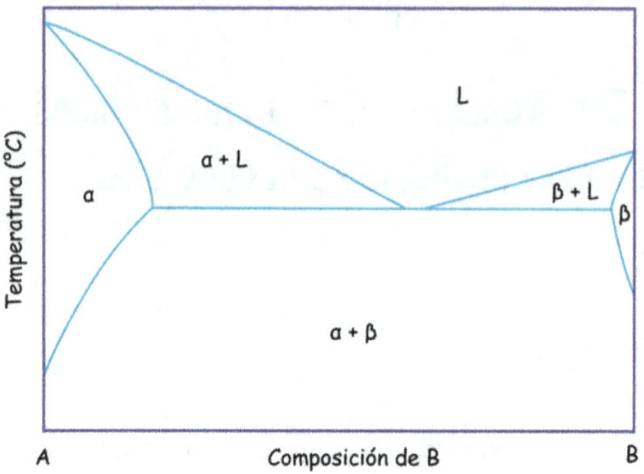

Figura 8.1. *Diagrama eutéctico para el sistema A-B.*

II. OBJETIVOS

Objetivo general

Predecir las microestructuras de la aleación a partir de curvas de enfriamiento, construir el diagrama de fases eutéctico Sn-Zn y analizar el cambio de dureza en función del elemento aleante.

Objetivos específicos

a. Identificar y nombrar las fases presentes en la microestructura que se encuentran presentes en el material de estudio.

b. ____
____
____
____

c. ____

____

____

____

III. Hipótesis

____

____

____

____

____

8.1 Balance y Ajuste de Cargas

IV. Desarrollo Experimental

Material y equipo

- Segueta
- Cortadora con disco esmeril
- Báscula
- Lingote de Sn
- Lingote de Zn

Procedimiento

Selección de aleaciones Sn-Zn

De acuerdo con el diagrama de fases presentado en la figura 8.1.1 se realiza la selección de las aleaciones Sn-Zn para su próximo balance de carga.

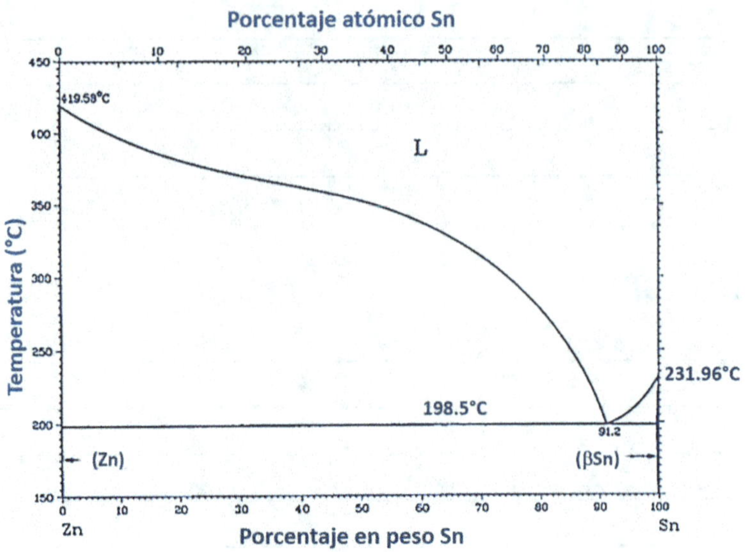

Figura 8.1.1 *Diagrama de fases para el sistema binario Sn-Zn (ASM International, Vol.* 3)

Tabla 8.1.1. Composiciones Sn-Zn elegidas para la práctica

Comp. recomendadas	Comp. elegidas
100%Sn	
Sn-4%Zn	
Sn-40%Zn	
100%Zn	

Cálculo de las densidades de las aleaciones ($\rho_{Sn}=$______;$\rho_{Zn}=$______)

Comp. __Sn-__Zn   Comp. __Sn-__Zn

Comp. __Sn-__Zn   Comp. __Sn-__Zn

Comp. __Sn-__Zn

Cálculo del volumen del molde

Con base en la geometría, realiza el cálculo del volumen del molde metálico a utilizar.

Cálculo de masa total, masa de Sn y masa de Zn para cada aleación

Haciendo uso de la densidad del Sn, la densidad del Zn, la densidad de cada aleación y el volumen del molde, se realiza el cálculo de la masa total de la aleación en el molde y la masa de cada elemento de la aleación.

Cálculos de m_{total}, m_{Sn} y m_{Zn} para aleación __Sn-__Zn

Cálculos de m_{total}, m_{Sn} y m_{Zn} para aleación __Sn-__Zn

Cálculos de m_{total}, m_{Sn} y m_{Zn} para aleación __Sn-__Zn

Cálculos de m_{total}, m_{Sn} y m_{Zn} para aleación __Sn-__Zn

Cálculos de m_{total}, m_{Sn} y m_{Zn} para aleación __Sn-__Zn

Cálculos de m_{total}, m_{Sn} y m_{Zn} para aleación __Sn-__Zn

Cálculos de m_{total}, m_{Sn} y m_{Zn} para aleación __Sn-__Zn

V. Manejo y Análisis de Resultados

A continuación, se presentan los resultados del balance de cargas para cada aleación seleccionada del sistema Sn-Zn en la tabla 8.1.2.

Tabla 8.1.2. Balance de carga para cada aleación Sn-Zn

Aleación	Densidad de aleación (g/cm³)	Masa de aleación (g)	Masa de Sn (g)	Masa de Zn (g)

8.2 Fusión, Colada y Curvas de Enfriamiento

V. Desarrollo Experimental

Material y equipo

- Cargas de Sn
- Cargas de Zn
- Hornos de piso
- Crisoles
- Pintura de zirconio
- Pinzas metálicas
- Guantes aluminizados
- Careta
- Moldes metálicos
- Adquisidor de datos
- Computadora
- Termopares
- Extensiones para termopar

Procedimiento

Antes de comenzar con la práctica, se le recuerda al profesor, a los alumnos y a todo aquel que vaya a realizarla que en todo momento debe traer puesto el equipo de seguridad correspondiente.

Encender el horno

De acuerdo con el diagrama de fases, se enciende el horno de piso 80 grados por arriba de la temperatura más alta de liquidus de las aleaciones seleccionadas en la práctica anterior.

Precalentado de crisoles y molde metálicos

La parte de los crisoles y moldes metálicos que estará en contacto con la aleación a fundir se pinta con pintura de zirconio y estos se introducen al horno de piso.

Figura 8.2. *Horno de piso para precalentamineto de crisoles*

Preparación de la fusión del primer metal

Colocar las cargas del metal de mayor punto de fusión en los crisoles precalentados correspondientes a cada aleación y volver a introducirlos al horno de piso.

Nota: Revisar de manera constante el avance de la fusión del metal.

Preparación de la fusión del segundo metal

El metal con menor punto de fusión se introduce poco a poco, en el crisol correspondiente a cada aleación de manera rápida y concisa, envolviéndolo con el líquido metálico y agitando con cuidado para homogenizar.

Nota: Revisar de manera constante el avance de la fusión de la aleación.

Instale y verifique el funcionamiento del adquisidor de datos y del termopar

Colada de las aleaciones

Para cada aleación: una vez que esté homogénea, completamente en estado líquido y el adquisidor funcione de manera perfecta, se entierra el molde metálico, precalentado, en la caja de arena (dejando la entrada del molde descubierta).

Se vacía la aleación en el molde metálico e **inmediatamente** se coloca el termopar (iniciando, **al instante**, la lectura del adquisidor de datos). Dejar que la adquisición de datos de se complete.

Curvas de enfriamiento

Con los datos obtenidos, se construyen las curvas de enfriamiento de cada aleación en una hoja de Excel.

Construcción del diagrama de fases

Se construye el diagrama de fases utilizando las curvas de enfriamiento y los puntos determinados y se sobrepone en el diagrama original.

V. Manejo y Análisis de Resultados

Enseguida, presente las curvas de enfriamiento obtenidas para cada composición realizada del sistema Sn-Zn en los siguientes siete recuadros.

1

2

3

4

5

6

7

Diagramas de fases obtenido y sobrepuesto en el diagrama original

8.3   PREPARACIÓN METALOGRÁFICA Y MICROESTRUCTURAS

IV. DESARROLLO EXPERIMENTAL

Material y equipo

- Piezas Sn-Zn realizadas en prácticas anteriores
- Paño
- Alúmina (Al_2O_3)
- Arco con segueta
- Atomizador

- Lijas de agua
- Desbastadora
- Pulidora
- Reactivos p/revelado de Sn-Zn
- Microscopio óptico

Procedimiento

Seccionamiento de piezas Sn-Zn

Las piezas obtenidas en la fusión y colada seccionan utilizando una segueta.

Preparación metalográfica

Una de las dos partes obtenidas en el corte de cada pieza, se desbasta con lijas de agua 120, 240, 320, 400, 600, 1000, 1500 y 2000, se pule a espejo utilizando un paño y alúmina (Al_2O_3). Se procede a realizar el revelado de la microestructura con el reactivo adecuado.

Pieza en el microscopio y toma de micrografía

La pieza revelada químicamente se lleva al microscopio, se enfoca, se observa y se toma la fotografía de la microestructura a los aumentos pertinentes. Considere que los aumentos y tipo de microscopio dependen de los requerimientos de cada pieza.

V. Manejo y Análisis de Resultados

Tabla 8.3.1. Comparación entre las microestructuras esperadas y las obtenidas

Aleación	Microestructura teórica esperada (dibujo)	Microestructura experimental obtenida
1		
2		
3		
4		
5		
6		
7		

Análisis

8.4 MEDICIÓN DE DUREZAS

IV. DESARROLLO EXPERIMENTAL

Material y equipo

- Mitades de todas las piezas obtenidas en la colada.
- Atomizador
- Lijas de agua
- Durómetro Rockwell

Procedimiento

Preparación de pieza de para ensayo de dureza

La segunda parte de la pieza se desbasta con lijas de agua 120, 240, 320, 400 y 600.

Ensayo de dureza

La pieza desbastada se coloca en la platina del durómetro Rockwell y se le realiza un ensayo de dureza HRH (o en su defecto, HRA), aplicando la carga correspondiente al tipo de escala ocupada y utilizando el identador adecuado, moviendo el maneral de forma ascendente hasta que toque el material y llevando el *display* (o reloj analógico) a la carga de lectura dada por el equipo para que se efectúe de forma correcta el ensayo.

V. MANEJO Y ANÁLISIS DE RESULTADOS

Tabla 8.4.1. Durezas de las aleaciones para el sistema Sn-Zn

Comp. Sn-Zn	HRH esperada	HRH obtenida

Presenta en el siguiente recuadro la gráfica de dureza (esperada y obtenida) en relación con el porcentaje de elemento aleante.

VI. ACTIVIDADES COMPLEMENTARIAS

- ¿Qué es una fase?
- ¿Qué es una aleación?
- ¿Qué se entiende por solución sólida?
- ¿Qué representan las líneas liquidus y solidus?
- Explique a qué se refiere que un diagrama sea eutéctico.
- Escriba las reglas de Hume-Rothery y mencione su aplicación.
- Aplique las reglas de Hume-Rothery para tres sistemas eutécticos.
- Defina los siguientes conceptos: microconstituyente e intermetálico.
- A qué nos referimos, cuando hablamos de aleaciones hipoeutécticas e hipereutécticas.
- Aplique la regla de la palanca en el diagrama Pb–Sn, a las siguientes condiciones:

  A 25 % de Sn a las siguientes temperaturas: 25 °C, *150 °C y 310 °C.*

  A 60 % de Sn a las siguientes temperaturas: 50 °C, *250 °C y 200 °C*

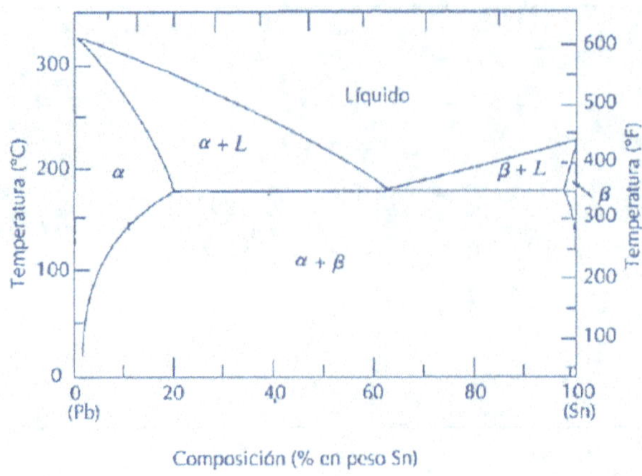

Figura 8.4.1. Diagrama de fases para el sistema binario Pb - Sn. (ASM International, Vol. 3)

VII. Conclusiones

____

____

____

____

____

____

____

VIII. Bibliografía

ASM INTERNATIONAL, Vol.3. *Alloy Phase Diagrams*. The Materials Information Society.

Askeland, D. (1998). *Ciencia e Ingeniería de materiales*. México: International Thomson Editores.

Avner, S. (1988). *Introducción a la Metalurgia Física*. México: McGraw-Hill.

Práctica 9

Endurecimiento por envejecimiento (por precipitación)

I. INTRODUCCIÓN

El aumento de la dureza está directamente relacionado con la microestructura y las fases que se logran encontrar en ella, el endurecimiento del que se trata en esta práctica está en función del doble ciclo térmico al cual se somete el material, uno de solubilización y otro de precipitación (envejecimiento). El tratamiento térmico de envejecimiento es fundamental porque se crea una dispersión homogénea de precipitados de segunda fase, duros y resistentes en una matriz blanda y dúctil, dicho endurecimiento es empleado en muchos materiales metálicos, incluidos los aceros; sin embargo, el ejemplo clásico se muestra en las aleaciones aluminio debido a sus aplicaciones en las áreas industriales, aeronáutica, aeroespacial y automotriz (Askeland, 1998).

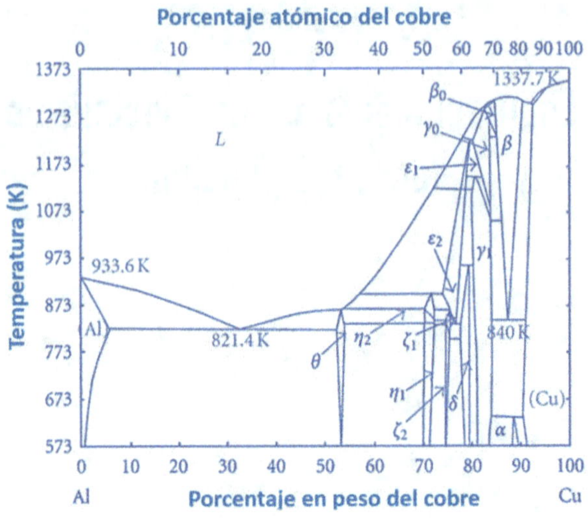

Figura 9.1. *Diagrama de fases Al-Cu.* (ASM International, Vol. 3)

En el diagrama de fases Al-Cu (figura 9.1), el porcentaje del elemento aleante debe estar dentro de la solución sólida, siendo un requisito para la realización del tratamiento térmico de endurecimiento por precipitación.

La aleación por utilizar es la de 4.5% Cu, a continuación, se describen los pasos que conlleva dicho proceso (figura 9.2):

Primer paso. Es introducir el metal al horno a temperatura donde la solución sólida sea estable y el precipitado θ ($CuAl_2$) desaparezca (en este caso a 550 °C).

Segundo paso. Se realiza un enfriamiento súbito (temple del metal) con el fin de obtener la solución sólida (Mecanismos de Endurecimiento...).

Tercer paso. Envejecimiento o precipitación que se realiza a temperaturas por debajo de la línea de solubilidad, (se propone 170 °C) durante un determinado tiempo.

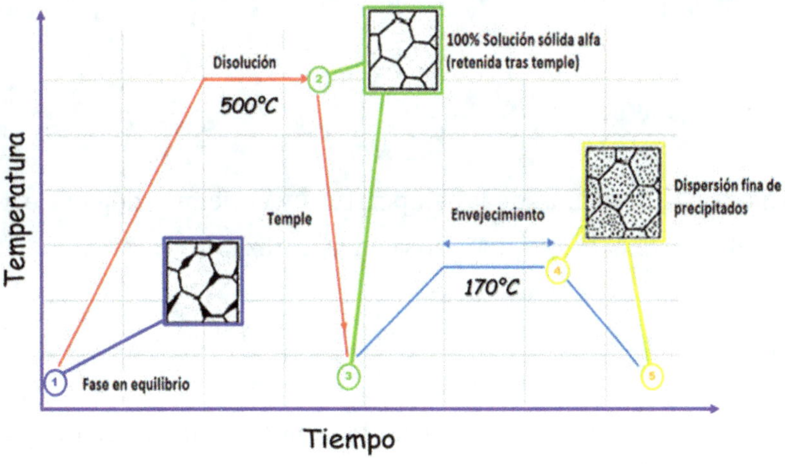

Figura 9.2. *Proceso de endurecimiento por envejecimiento.* Tomada de Mecanismos de endurecimiento (Flores, 2021).

El $CuAl_2$ precipitará e irá creciendo y ganando volumen, deformando la red cristalina (en forma coherente, semi-coherente o incoherente); esta precipitación se da en el siguiente orden mostrado en el esquema de la figura 9.3.

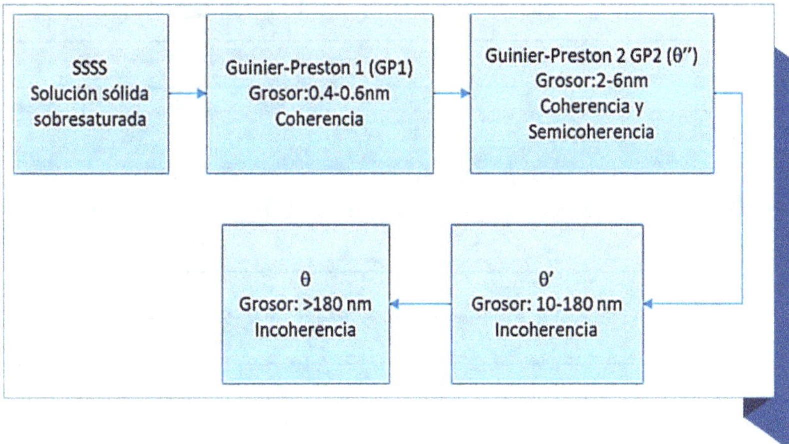

Figura 9.3. *Secuencia de precipitación de la fase durante el envejecimiento θ en la matriz (Flores, 2021).*

II. OBJETIVOS

Objetivo general

Analizar la variación de la temperatura y el tiempo de envejecimiento sobre el efecto que causa en la dureza.

Objetivos específicos

a. Analizar las microestructuras obtenidas a diferentes temperaturas y tiempos de envejecimiento.

b. ____

c. ____

III. HIPÓTESIS

9.1 BALANCE Y AJUSTE DE CARGAS

IV. DESARROLLO EXPERIMENTAL

Material y equipo

- Segueta
- Cortadora con disco esmeril
- Báscula
- Lingote de Al
- Viruta de Cu

Procedimiento

Selección de la aleación

De acuerdo con el diagrama de fases presentado en la figura 9.1.1 se selecciona una aleación base Al que tenga un porcentaje menor al 5.65%.

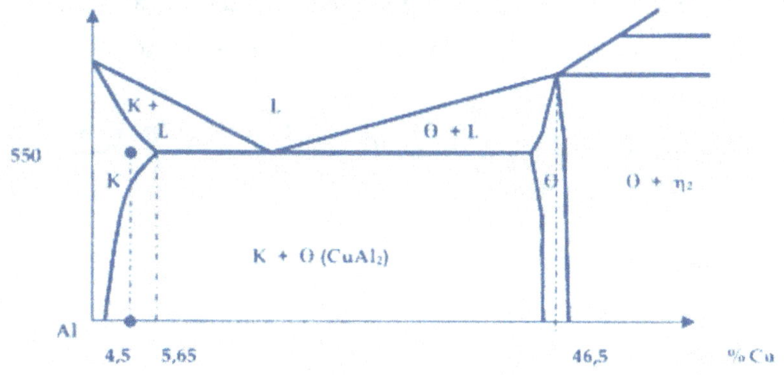

Figura 9.1.1. Diagrama de fases para el sistema binario Al-Cu. (ASM International, Vol. 3)

Cálculo de la densidad de la aleación ($\rho Al=$______; $\rho Cu=$______)

Comp. __Al-__Cu

Cálculo del volumen del molde

Con base en la geometría, realiza el cálculo del volumen del molde metálico a utilizar

Cálculo de masa total, masa de Al y masa de Cu para la aleación seleccionada

Haciendo uso de las densidades del Al, Cu y de la aleación, además del volumen del molde, se realiza el cálculo de la masa total de la aleación en el molde y la masa de cada elemento.

Cálculo de m_{total}, m_{Al} y m_{Cu} para aleación __Al-__Cu

A continuación, se presentan los resultados del balance de cargas para cada aleación seleccionada del sistema Al-Cu en la tabla 9.1.1.

Tabla 9.1.1. Balance de carga para cada aleación Al-Cu

Aleación	Densidad de aleación (g/cm³)	Masa de aleación (g)	Masa de Al (g)	Masa de Cu (g)

9.2 FUSIÓN Y COLADA

IV. DESARROLLO EXPERIMENTAL

Material y equipo

- Cargas de Al
- Cargas de Cu
- Horno de piso
- Crisol
- Pintura de zirconio
- Pinzas metálicas
- Guantes aluminizados
- Careta

Procedimiento

Antes de comenzar con la práctica, se le recuerda al profesor, a los alumnos y a todo aquel que vaya a realizarla que en todo momento debe traer puesto el equipo de seguridad correspondiente.

Se enciende el horno de piso (800º C)

Se precalienta el crisol y molde metálico

La parte del crisol y moldes metálicos que estará en contacto con la aleación a fundir se pinta con pintura de zirconio y se introduce al horno de piso.

Preparación de la fusión del primer metal

Se coloca el aluminio en el crisol (precalentado) y se introduce de nueva cuenta al horno.

Nota: Revisar de manera constante el avance de la fusión del metal.

Preparación de la fusión del segundo metal

El Cu se introduce poco a poco en el crisol de manera rápida y concisa, de tal forma que quede envuelto con el líquido metálico y se agita con cuidado para homogenizar.

Nota: Revisar de manera constante el avance de la fusión de la aleación.

Colada de aleación

Una vez que esté homogénea y completamente en estado líquido, se entierra el molde metálico en la caja de arena (dejando descubierta la entrada del molde). Se vacía la aleación en el molde metálico y se deja enfriar a temperatura ambiente.

Nota: Se requiere vaciar 4 piezas (para su próximo seccionamiento en 3 partes y obtención de 12 piezas).

9.3   TRATAMIENTO DE SUPERSATURACIÓN Y TEMPLE

IV. DESARROLLO EXPERIMENTAL

Material y equipo

- Piezas Al-Cu
- Arco con segueta
- Recipiente con agua a Tamb
- Horno de piso a T=550 °C

Procedimiento

Seccionamiento de piezas Al-Cu

Las cuatro piezas obtenidas en la fusión y colada se seccionan en tres partes iguales utilizando segueta como herramienta de corte. Introducir 11 de las 12 piezas al horno a 550 °C y dejar durante un tiempo de cuatro horas para asegurar la sobresaturación de la solución sólida.

Luego, enfriar de manera súbita las piezas introduciéndolas en agua a Tamb.

9.4 Tratamiento de Envejecimiento

IV. Desarrollo Experimental

Material y equipo

- Mufla a T=240 °C
- Horno de piso a T=180 °C
- Piezas sobresaturadas

Figura 9.4. *Mufla a temperatura de 180 °C y a 240 °C, posterior enfriamiento súbito de pieza en agua a temperatura ambiente.*

Procedimiento

Introducir piezas sobresaturadas a la mufla (al horno) con temperatura de 180 °C y otras cinco al horno a 240 °C. Enfriar bruscamente cada pieza en agua a Tamb.

Nota: Se deja una pieza sin tratar para comparar con los diferentes tiempos y temperaturas llamada SSSS.

Tabla 9.4.1. Condiciones de envejecimiento que deberán tener las piezas

Pieza	T(°C)/t(min)	Tiempo (s)
1	180	20
2	180	40
3	180	60
4	180	80
5	180	100
6	240	20
7	240	40
8	240	60
9	240	80
10	240	100

9.5 Preparación Metalográfica y Microestructuras

IV. Desarrollo Experimental

Material y equipo

- Piezas Al-Cu (tratamiento previo)
- Paño
- Alúmina (Al_2O_3)
- Atomizador
- Lijas de agua
- Desbastadora
- Pulidora
- Reactivos p/revelado de Al-Cu
- Microscopio óptico

Procedimiento

Preparación metalográfica

Todas las piezas (1 directa de colada, 1 sobresaturada (SSSS), 5 piezas envejecidas a 180 °C y 5 piezas envejecidas a 240 °C) + 1 pieza de Al puro, proporcionada por el profesor, se desbastarán con lijas de agua (120, 240, 320, 400, 600, 1000, 1500 y 2000).

Pulido y revelado químico

Todas las piezas desbastadas se pulen a espejo utilizando un paño y alúmina (Al_2O_3) y se procede a realizar el revelado de la microestructura con el reactivo adecuado.

Pieza en el microscopio y toma de micrografía

La pieza revelada químicamente se lleva al microscopio, se enfoca, se observa y se toma fotografía de la microestructura 200X.

V. Manejo y Análisis de Resultados

En la tabla 9.5.1 se presentan las microestructuras obtenidas en el envejecimiento y las teóricas (esperadas).

Tabla 9.5.1. Comparación entre las microestructuras esperadas y las obtenidas

Aleación	Microestructura teórica esperada	Microestructura experimental obtenida
1		
2		
3		
4		
5		
6		
7		
8		
9		
10		
11		
12		
13		

9.6   Medición de Durezas

IV. Desarrollo Experimental

Material y equipo

- Mitades de todas las piezas obtenidas en la colada.
- Atomizador
- Lijas de agua
- Durómetro Rockwell

Procedimiento

Ensayo de dureza

La misma pieza preparada para metalografía se coloca en la platina del durómetro Rockwell y se realiza un ensayo de dureza HRH (o en su defecto, HRA), aplicando la carga correspondiente al tipo de escala ocupada y utilizando el identador adecuado, moviendo el maneral de forma ascendente hasta que toque el material y llevando el *display* (o reloj analógico) a la carga de lectura dada por el equipo para que se efectúe de forma correcta el ensayo.

V. MANEJO Y ANÁLISIS DE RESULTADOS

Se presentan los valores de las durezas obtenidas para cada pieza en la tabla 9.6.1

Tabla 9.6.1. Durezas de las piezas tratadas

Pieza	T(°C)/t(min)	HRH esperada	HRH obtenida
1	180/20		
2	180/40		
3	180/60		
4	180/80		
5	180/100		
6	240/20		
7	240/40		
8	240/60		
9	240/80		
10	240/100		
11	Puro		
12	Colada		
13	SSSS		

Realizar las curvas a) dureza *vs.* tiempo de envejecimiento a T (180 °C); y b) dureza *vs.* tiempo de envejecimiento a T (24 0 °C).

VI. ACTIVIDADES COMPLEMENTARIAS

- Mencione cinco aplicaciones que se le puede dar a la aleación empleadas en esta práctica.
- Con base a los resultados obtenidos y a los conocimientos adquiridos en prácticas anteriores, ¿cuál método de endurecimiento cree más viable si le piden diseñar la carcasa de un automóvil, y mencione cuál material utilizaría y por qué?
- ¿Cuál es el objetivo del endurecimiento por precipitación de una aleación binaria?
- Mencione seis aleaciones, además de la utilizada en esta práctica, a los cuales se les puede realizar el tratamiento de envejecimiento.

VII. Conclusiones

____

____

____

____

____

____

____

VIII. Bibliografía

ASM INTERNATIONAL, Vol. 4. *Heat Treating*. The Materials Information Society.

Askeland, D. (1998). *Ciencia e Ingeniería de materiales*. México: International Thomson Editores.

Mecanismos de endurecimiento de metalografía y tratamientos. Disponible en: www.frro.utn.edu.ar/repositorio/catedras/mecanica/5_anio/meta-lografia/7-Mecanismos_ de_endurecimiento_v2.pdf (fecha de consulta, 15/10/2018).

Lecturas recomendadas

Diseño estructural de un edificio antisísmico con software
(Manuel I. Laurencio Rao)

Simulación y modelamiento matemático para ingenieros con software Volumen I
(Yhon Fuentes Huamán)